Lutz Dommel

Wasser: Schlüssel zu Krieg und Frieden im Nahen Osten

Zurück zu den Ursachen des Nahost-Konflikts

Radevormwald, September 2002

Impressum:

Lutz Dommel

Wasser: Schlüsel zu Krieg und Frieden im Nahen Osten

Radevormwald, 2002

Herstellung: Books on Demand GmbH, Norderstedt

Grundlage des Buches ist eine Diplomarbeit, betreut von Professor Dr. Peter Meyns und Professor Dr. Franz Nuscheler, Universität Duisburg.

ISBN 3-8311-4276-9

www.lutzdommel.com

Inhalt

1. Einleitung

Eine Hinführung

Anfang der neunziger Jahre des letzten Jahrhunderts verkündete Boutros-Ghali, späterer UN-Generalsekretär, die kommenden Kriege in der Region des Nahen Ostens würden um Wasser, nicht um Öl geführt[1]. Autoren wie John Bulloch[2] und Hinz-Karadeniz schrieben Bücher mit Titeln wie „Die Wasserfalle" oder „Water Wars". Es folgte eine breite wissenschaftliche Diskussion der Bedeutung der Wasserressourcen für die Staaten im Nahen Osten und insbesondere für das von Konflikten gebeutelte Jordanbecken; dabei wurde schnell deutlich, dass diese Region tatsächlich von einem solch gravierenden Wassermangel betroffen ist, der Konflikte um die vorhandenen Ressourcen, die fast alle die bestehenden Staatsgrenzen überschreiten, wahrscheinlich macht. Zum Ende der neunziger Jahre finden sich dann zunehmend kritischere Thesen, die Aufsätze heißen „Hydro Paranoia and its Myths"[3], es werden Aussagen formuliert wie „Never were nuclear weapons, what the Cold War was about. It was an ideological conflict. And water is not what Arab-Israeli wars were about"[4]. Offensichtlich sind die Zusammenhänge zwischen Wassermangel und Konflikt im Nahen Osten also nicht derart eindeutig, wie dies zuerst angenommen wurde. Vielmehr erschienen jetzt sogar Beiträge wie „Kicking the Water Habit. Israel, Palestine and the New Water Order"[5], welche die Möglichkeit zur Schaffung von Kooperation und damit Frieden im Jordanbecken über das Aufgreifen wasserpolitischer Ansätze sehen.

Angesichts dieser Fülle von Beiträgen, Ideen und Thesen unterschiedlichster Ausrichtung bei gleichzeitig anhaltender Spannung in den internationalen

---

[1] vgl. Hoffmann, Berthold: Hydro paranoia and its myths. The issue of water in the Middle East.
in: Orient (Opladen). 39 (Juni 1998) 2, S. 251
[2] vgl. Bulloch, John, Darwish, Adel: Water wars. Coming conflicts in the Middle East. (London), Gollancz, 1993
[3] vgl. Hoffmann, (Anm. 4)
[4] Shaheen, Murad: Questioning the water-war phenomenon in the Jordan basin.
in: Middle East Policy (Washington/D.C.). 7 (Juni 2000) 3, S. 140
[5] vgl. Warner, Jeroen: Kicking the water habit. Israel, Palestine and the new water order.
Amsterdam : Research Center for International Political Economy and Foreign Policy Analysis, 1996.

Beziehungen zwischen den Anrainern des Jordanbeckens ist die Frage nach der Bedeutung des Wassermangels im Kontext von Konflikt und Kooperation weiterhin interessant, zumal es bisher keine schlüssige Theorie gibt, welche hier einen begründeten Zusammenhang herzustellen vermag. Dieses Buch soll also einen Beitrag leisten, die vorgebrachten Argumente, Thesen und Ideen zu ordnen, sie in einen inhaltlichen und vor allem auch geschichtlichen Zusammenhang zu setzen, ohne den die Analyse dieser Thematik nicht möglich ist, wie später noch deutlich wird. Die Relevanz der Problematik ist weiterhin gegeben, die aktuelle, sich zuspitzende Lage[6] im Nahen Osten macht es weiterhin sinnvoll sich mit den möglichen Ursachen zu beschäftigen.

Zielstellung und Struktur des vorliegenden Buches

Die Bedeutung des Wassermangels im Kontext von Konflikt und Kooperation im Jordanbecken. Der Titel allein zeigt auf, dass es sich bei der vorliegenden Arbeit um eine umfassende Gesamtschau eines komplexen Themenbereichs handelt. Das Jordanbecken, dessen Geographie und Hydrologie später noch eingehend beschrieben werden, weist auch für den nur knapp Informierten zwei leicht ersichtliche Besonderheiten auf. Zum einen ist das Gebiet des Nahen Ostens, zu dem das Jordanbecken gehört, seit Jahrzehnten Bestandteil medialer Berichterstattung, sowohl in der Gegenwart, als auch in der Vergangenheit. In der Tat drehte sich die Berichterstattung dabei meist um Konflikte, welche von unterschiedlichen Parteien in unterschiedlicher Gestalt und unterschiedlichem Ausmaß ausgetragen wurden. Gleichzeitig ist die Tatsache unübersehbar, dass in der geographischen und klimatischen Situation, in der sich das Jordanbecken befindet, Wasser durchaus Mangelware seien könnte, immerhin sind weite Teile des Jordanbeckens durch die Wüste oder wüstenähnliche Landschaften gekennzeichnet[7]. Macht man sich mit der bezeichneten Aufgabenstellung und dem eben genannten Hintergrundwissen an die Aufarbeitung der Literatur, so fällt

---

[6] Jahr 2002

[7] Eine genaue Beschreibung der Geographie erfolgt in dem Kapitel: „Das Jordanbecken"

schnell auf, dass die Lage im Jordanbecken in jeder Hinsicht als komplex bezeichnet werden muss und gleichzeitig eine Verbindung von Wasser, Konflikt und Kooperation sehr häufig festgestellt wird[8]. Ein wichtiges Ziel dieser Arbeit muss es daher seien, dem Leser der Arbeit eine Gesamtschau des Themenkomplexes Wasser bzw. Wassermangel im Jordanbecken zu bieten. Allein ist die rein deskriptive Darstellung der Sachlage nicht besonders ergiebig, offeriert keine Antworten auf die Fragen nach einem begründbaren Zusammenhang zwischen den Begriffen Jordanbecken, Wasser, Konflikt und Kooperation. Dieser Zusammenhang soll hier hergestellt werden. Dabei ist die Darstellung der Sachlage ein zentraler Punkt, der durch eine Auseinandersetzung mit den geo- und hydrographischen Gegebenheiten des Jordanbeckens eine erste Analysegrundlage erhält. Um dem darstellenden Teil einen Sinn zu geben, der über die reine Informationssammlung und Aufbereitung hinausgeht, soll aber auch eine theoretische Komponente entwickelt werden, die nicht nur hilft den darstellenden Teil zu strukturieren, sondern auch die Frage nach dem Zusammenhang von Wasser, Konflikt und Kooperation im Jordanbecken zu beantworten sucht. Dieser theoretische Teil wird ausführlich in einem späteren Kapitel zu besprechen seien. Eine weitere Aufgabe der Politikwissenschaft kann es auch immer seien, mögliche Lösungen für Probleme anzubieten. Nachdem im Hauptteil der Arbeit relativ rasch verdeutlicht wird, dass es eine Wasserproblematik im Jordanbecken gibt, die neue Lösungsansätze nötig hat, soll am Ende der Arbeit, auch nach der Bewertung der theoretischen Überlegungen, der Versuch stehen, eine auf den Ergebnissen aufbauende Prognose zu skizzieren, falls die Ergebnisse überhaupt die Erarbeitung einer solchen ermöglichen und zulassen.

Quellenlage

Die für diese Arbeit verwendeten Quellen beruhen auf einer umfangreichen Literaturrecherche, die hauptsächlich mit Hilfe des Internet sowie den

---

[8] Ein kleiner Blick in auf die Titel der in der Bibliographie verzeichneten Werke mag hier einen ersten Eindruck geben.

8

umfangreichen Katalogen des Orient-Instituts in Hamburg und der Schwerpunktbibliothek Nahost in Tübingen durchgeführt wurde. Da sich der in dieser Arbeit behandelte Zeitraum auf über 100 Jahre erstreckt ist die Zahl der gefundenen Literatur gewaltig. Trotzdem fällt bei einer ersten Sichtung auf, dass die Zahl neuer Ideen und Ansätze zu der Wasserproblematik im Nahen Osten weitaus geringer ist, für diese Arbeit wurde versucht eine entsprechende Auswahl zu treffen, wie sie in der Bibliographie beschrieben ist. Neben rein wissenschaftlichen Abhandlungen finden sich in dieser Arbeit auch einige Hinweise auf eher journalistische Quellen, diese wurden bewusst dort in die Arbeit integriert, wo das öffentliche Meinungsbild eine Rolle für die vorgetragenen Überlegungen spielt. Ein genauer Blick in das Literaturverzeichnis, zeigt, dass der Schwerpunkt nicht ausschließlich auf aktueller Literatur liegt. Vielmehr konnte bei der Literaturrecherche festgestellt werden, dass sich in den ersten sieben Jahren der 90er Jahre des letzten Jahrhunderts eine Häufung von Quellen zu der hier thematisierten Problematik finden lässt. Dies lässt sich sowohl mit den Entwicklungen hin zum Frieden in der Region erklären, aber auch mit der Vertiefung der „sustainable-development" Debatte, welche die Verknüpfung von Konflikt und Entwicklung mit ökologischen Faktoren wie den Wasserressourcen stärker beachtet[9]. Neueste und aktuellste Literatur, die sich mit dem Nahost-Konflikt an sich beschäftigt, lässt die Wasserfrage in den Hintergrund treten, die neuerliche Eskalation der Gewalt führt zu einer Beschäftigung mit den Symptomen, weniger mit den Ursachen. Auch ist zu beobachten, dass sich einige Werke, die sich mit der Wasserproblematik im Nahen Osten befassen, wie Kopien und Neu-Arrangements älterer Schriften lesen[10]. Grundsätzlich jedoch kann die Quellenlage als gut bezeichnet werden, wenn man davon absieht, dass neue

---

[9] Dies ist eine Spekulation des Autors, in der jüngeren Literatur findet sich keine Diskussion der Quellenhäufung der neunziger Jahre.

[10] So findet sich ein Aufsatz von Frederic Hof in nur leicht veränderter Form in Abständen von wenigen Jahren mehrmals veröffentlicht: 1. Hof, Frederic C.: The water dimension of Golan Heights negotiations, in: Middle East Policy (Washington/D.C.). 5 (Mai 1997) 2, S. 129-141; 2. 2. Hof, Frederic C.: The water dimension of Golan Heights negotiations, in: Amery / Wolf (Anm. 3), S. 150-167

Entwicklungen im Jordanbecken hinsichtlich der Wasserressourcen zu großen Teilen der Geheimhaltung der betroffenen Staaten unterliegen, in der Vergangenheit sind neue Pläne immer erst mit teilweise mehrjähriger Verspätung an die Öffentlichkeit gedrungen[11]. Ein weiteres Problem, dass auch die Aktualität dieser Arbeit berührt, sind die fast täglich wechselnden Szenarien im Nahen Osten. Die Ereignisse der ersten Jahreshälfte 2002 zeigen eindrucksvoll, dass auch sicher geglaubte Fortschritte schnell wieder verloren gehen können. Der Nahe Osten bleibt offensichtlich ein Pulverfass, für das längerfristige Aussagen nur bedingt getroffen werden können. Diese Tatsache wird in dieser Arbeit berücksichtigt und wirkt sich unmittelbar auf die abschließende Prognose aus, die weniger konkret ausfallen und vielmehr eine Tendenz aufzeigen will. Dies verhindert, dass diese Arbeit sich hoffentlich in der Rückschau nicht derart illusionär lesen wird, wie die ebenfalls recht jungen Vorschläge von Barandat u.a.[12], die dort vorgeschlagene gemeinsame israelisch-palästinensische Wassercharta scheint heute ferner denn je.

Begriffe: Geographie und Politik

In der Konfliktregion des Nahen Ostens entscheidet oftmals die Verwendung von Begriffen über die Einordnung oder Einstufung eines Autors, Sprechers oder Journalisten zu einer imaginären Gruppe, die einer Konfliktpartei besonders zu oder abgeneigt seien soll. Gerade die Wahl der geographischen Bezeichnungen ist hier oftmals ein schmaler Grat. Der Nahe Osten bildet eine Region, in der die verschiedenen Parteien unterschiedliche Begriffe verwenden und abweichende Bezeichnungen oftmals als Diskriminierung oder gar Angriff gewertet werden. So kann die Verwendung des Terminus „besetzte Gebiete" ganz andere Assoziationen hervorrufen als die Verwendung „Judäa und Samaria", obwohl eventuell das gleiche gemeint ist. Auch der See Genezareth wird in der Vielzahl der wissenschaftlichen Literatur häufig sehr unterschiedlich benannt: See Kinnereth,

---

[11] zum Beispiel der später noch zu thematisierende Bau der transnationalen Wasserleitung in Israel
[12] Barandat, Jörg u.a. : Jordan, Euphrat, Nil. Konflikt oder Kooperation? aus: Friedensgutachten 2001. / Institut für Friedensforschung und Sicherheitspolitik an der Universität Hamburg - Münster , S. 90ff

Tiberias See, See von Galiläa, See Genezareth und so fort. In dieser Arbeit verwendet der Autor die Bezeichnungen, die er für den deutschsprachigen Leser am gebräuchlichsten hält. Die Verwendung unterliegt also keinem System oder gar einer parteinehmenden Prämisse.

2. Ein Theoriekapitel

Der hydraulische Imperativ

Die bereits verfasste Literatur zu den Themenkomplexen Konflikt und Kooperation im Nahen Osten bzw. im Jordanbecken ist umfangreich. Auch die Wasserinteressen und die damit verbundenen Auswirkungen sind einzeln bereits gut beschrieben worden. Dabei fällt auf, dass sich ein Großteil der Aufsätze, Monographien und Sammelbände auf die bloße Darstellung von Fakten, also vollständig deskriptives Arbeiten beschränkt. Häufig werden diese besseren Datensammlungen dann am Ende mit einer Reihe von Vorschlägen versehen, die auf die Beschreibung der Sachlage aufbauen und zu einer besseren Nutzung, Ausbeutung oder Gewinnung von Wasserressourcen führen sollen. Die vorliegende Arbeit will die zahlreichen Ebenen und Fälle von Wasserkonflikt und – Kooperation im Jordanbecken bündeln und an Hand von theoretischen Überlegungen strukturieren. Gerade weil die verschiedenen Wasserinteressen einzelner Staaten im Jordanbecken zu einer komplexen Konflikt und Kooperationslage geführt haben, erscheint der Versuch sinnvoll, hier eine übergreifende These über den Zusammenhang von Wasserinteressen, Konflikt und Kooperation zu entwickeln und zu testen. Dieser Versuch ist zweifelsfrei nicht neu, auch wenn die bisherigen Versuche bei weitem nicht so zahlreich vertreten sind, wie die rein deskriptiven Arbeiten. Dabei ist all diesen vorgefundenen Arbeiten etwas gemeinsam, sie kreisen um einen im Kern identischen Theorieansatz, der zumeist unter dem Namen „hydraulischer Imperativ" dargestellt wird. Im folgenden wird auf die Bedeutung und den Gehalt des hydraulischen Imperativs einzugehen sein.

Der in der Literatur verwendete „hydraulische Imperativ"

Den Startschuss zur Diskussion des sogenannten hydraulischen Imperativs gab wohl das Buch von Naff und Matson: Water in the Middle East[13], auf dessen Ideen später viele Schriften zurückgreifen. Interessant ist, dass Naff und Matson in dem benannten Buch sich der These des hydraulischen Imperativs gar nicht vollständig anschlossen, trotzdem wird Ihnen eben dies oft vorgeworfen, so dass eine Reihe von Autoren damit beschäftigt waren, die „These von Naff und Matson" zurückzuweisen[14]. Doch zuerst muss erklärt werden, was der hydraulische Imperativ überhaupt ist. Interessant ist, dass sich in der Literatur keine echte Definition finden lässt, der Begriff wird meist als selbsterklärend verwendet oder lediglich umschrieben. Aus den Aussagen der verschiedenen Autoren lässt sich schließen, dass der hydraulische Imperativ bedeutet, dass die Wahrnehmung von eigenen Wasserinteressen in den Handlungen eines Staates eine besonders hohe Priorität genießt. Dabei lässt sich feststellen, dass dies besonders häufig dem israelischen Staat attestiert wird[15]. Versucht man den Begriff des hydraulischen Imperativs einmal wörtlich zu übersetzen oder umzusetzen, so ergibt sich, dass ein dem hydraulischen Imperativ folgender Staat die Wahrnehmung seiner Wasserinteressen als wichtigstes Ziel begreifen MUSS[16].

Der hydraulische Imperativ soll in dieser Form ebenfalls als grundlegende These dieser Arbeit dienen, allerdings werden noch einige Modifikationen notwendig, die sich aus den Ergebnissen dieses Kapitels entwickeln lassen.

Das übliche Vorgehen verschiedener Autoren bei der Untersuchung des hydraulischen Imperativs soll im weiteren kurz skizziert und auf offensichtliche

---

[13] vgl. Matson, Ruth C. / Naff, Thomas: Water in the Middle east. Conflict or Cooperation? (Boulder), Westview Press, 1984

[14] vgl. z.B. Dolatyar, Mostafa: Water diplomacy in the Middle East, in: The Iranian Journal of International Affairs (Tehran). 7 (Herbst 1995) 3, S. 601

[15] vgl. ebenda, s. 601

12

Schwachstellen geprüft werden. Die Zurückweisung der Relevanz und des Zutreffens eines solchen hydraulischen Imperativs steht dabei meist im Vordergrund verschiedener Arbeiten[17]. Diese Aufsätze machen dabei eine entscheidende Einschränkung der Reichweite des hydraulischen Imperativs, sie beziehen ihn nur auf die von ihm abgeleitete „Water-War-Thesis"[18]. Dabei wird der hydraulische Imperativ dahingehend verengt oder abgeleitet, dass die Wahrnehmung von Wasserinteressen derart hoch bewertet wird, dass kriegerische Auseinandersetzungen stets die Folge waren und sind. Der so abgewandelte oder *verengte hydraulische Imperativ* wird dann an Hand empirisch erarbeiteter Fakten zurückgewiesen[19]. Natürlich gibt es eine Reihe weiterer Schriften, die aber eher journalistischer Natur sind, die den umgekehrten Weg gehen wollen und versuchen die Existenz eines solchen verengten hydraulischen Imperativs zu beweisen[20]. Letztere Versuche sind wissenschaftstheoretisch nicht gut akzeptabel, vor allem unter der Berücksichtigung der Popperschen Theorie des kritischen Rationalismus und werden daher für diese Arbeit zurückgewiesen. Aber sie haben mit den hypothesentestenden Schriften zum gleichen Thema einen interessanten Punkt gemeinsam, den es hier hervorzuheben gilt, da er die Sinnlosigkeit dieser bisher unternommenen Versuche aufzeigt. Um die Belastbarkeit der These des hydraulischen Imperativs zu „beweisen" oder eben zu widerlegen bedient man sich einer rational nicht nachvollziehbaren Vorgehensweise. Man wählt einen beliebigen Konflikt, der von anderen Autoren bereits als möglicher Wasserkonflikt gekennzeichnet wurde. Die Konfliktursachen werden dabei akribisch und detailliert untersucht und am Ende wird festgestellt, dass der Konflikt auf die

---

[16] ein Imperativ ist in der reinen Wortbedeutung sicher keine Kann-Bestimmung.

[17] vgl. Hoffmann, (Anm. 4), S. 251ff.

[18] Shaheen, (Anm. 7), S. 140

[19] vgl. ebenda, S. 137ff.

[20] vgl. z.B. Hinz-Karadeniz, Heidemarie (Hrsg.): Die Wasserfalle, (Gießen), Focus, 1993 oder Eshel, David: A Palestinian state and Israeli security, in: Jane's Intelligence Review (Coulsdon). 12 (April 2000) 4, S. 17-19

Wahrnehmung von Wasserinteressen zurückzuführen ist oder eben nicht[21]. Während diese Vorgehensweise rational noch nachvollziehbar ist, so ist es der nächste Schritt bereits nicht mehr: Aus dem Ergebnis der Untersuchung einiger oder sogar nahezu aller Konflikte wird auf die Haltbarkeit oder Nicht-Haltbarkeit des hydraulischen Imperativs geschlossen. Offensichtlich liegt hier ein Fehler in der Logik vor: Der hydraulische Imperativ bedeutet doch keineswegs, dass die Ursachen eines jeden Konfliktes im Jordanbecken zwingend in der Wahrnehmung von Wasserinteressen zu suchen sind. Selbst die Tatsache, dass z.B. der Sechs-Tage-Krieg, der als Wasserkrieg bezeichnet wird, nachweisbar nicht oder nicht ausschließlich durch Wasserinteressen ausgelöst wurde, kann doch nicht im Umkehrschluss bedeuten, dass die Wahrnehmung von Wasserinteressen offenbar nicht so hoch angesiedelt ist, als dass sie zum Krieg oder bewaffneten Konflikt führen könnte, was die Definition des verengten hydraulischen Imperativs aber fordert, nur weil es auch Kriege und Konflikte gibt, die nicht Wasserinteressen zum Kern haben. Ein so geführter Gegenbeweis ist absurd. Um die Relevanz dieses verengten hydraulischen Imperativs zu testen, müssten Fälle beschrieben und untersucht werden, in denen starke wasserpolitische Interessen vorhanden sind, die nur über den Weg des Konflikts oder Krieges wahrzunehmen sind, aber schließlich nicht zu einem solchen geführt haben. Dies kann allein die Untersuchung einzelner Konflikte eben NICHT leisten. Dies ist ein offensichtlicher Schwachpunkt in der bisherigen Diskussion des hydraulischen Imperativs und der damit verbundenen Water-War-Thesis, dem in dieser Arbeit begegnet werden soll.

Die Modifikation des hydraulischen Imperativs für diese Arbeit

In dieser Arbeit soll nicht mit dem hier bereits vorgestellten verengten hydraulischen Imperativ gearbeitet werden. Es ist nicht einzusehen, warum auf die

---

[21] vgl. z.B. Wolf, Aaron T.: Hydropolitics along the Jordan river. Scarce water and its impact on the Arab-Israeli conflict. (Tokyo), United Nations Univ. Press, 1995, Wolf hat diese Untersuchung mit sehr großem Aufwand geführt.

Analyse möglicher anderer Wirkungen[22] eines hydraulischen Imperativs verzichtet werden sollte. Die Definition des hydraulischen Imperativs zur Verwendung in dieser Arbeit sieht wie folgt aus:

Zuerst wird darauf verzichtet die Bedeutung des Wortes allzu wörtlich zu nehmen. In der genauen Bedeutung wäre das Wort Imperativ absolut zu verstehen, dass heißt ein solcher absoluter hydraulischer Imperativ meint die bedingungslose Wahrnehmung von wasserpolitischen Interessen, welche die Wahrnehmung anderer Interessen zwingend übersteigt. Der Versuch der Zurückweisung einer solchen These würde vermutlich keine Diplomarbeit in Anspruch nehmen, reicht doch dem verwendeten wissenschaftstheoretischen Ansatz folgend ein einziges „Gegenbeispiel" aus, um diese These zu entkräften. In den späteren Fallstudien zu den verschiedenen Konfliktfällen wird hierauf noch einmal eingegangen.

Mit der Abkehr von diesem absoluten hydraulischen Imperativ wird der Weg frei für die Herausbildung einer feineren und auch verbesserten Definition. Der modifizierte hydraulische Imperativ soll bedeuten, dass die Wahrnehmung wasserpolitischer Interessen für die Staaten im Jordanbecken stets von hoher Bedeutung war, so dass eine Ansiedlung der Wasserpolitik im Bereich der Sicherheitspolitik gegeben ist. Anders ausgedrückt soll mit der These vom modifizierten hydraulischen Imperativ ausgedrückt werden, dass Wasserpolitik als Bestandteil der „High-Policy"[23] für die betroffenen Akteure eine ausschlaggebende Rolle bei politischen Entscheidungen gespielt hat.

Nicht nur wird mit dem modifizierten hydraulischen Imperativ damit ein Theorieansatz vorgelegt, den es im Rahmen dieser Arbeit zu testen gilt, vielmehr ist der modifizierte hydraulische Imperativ auch eine geeignete Klammer, um die Analyse von Wasser als Dimension sowohl von Konflikt als auch von Kooperation in einer Arbeit sinnvoll zu vereinen. Die vorliegende Diplomarbeit geht also über die reine Daten- und Faktensammlung und -Darlegung hinaus und überprüft auf

---

[22] Also jene, die nicht im Bereich von Konflikt bzw. bewaffnetem Konflikt liegen
[23] Bahgat, Gawdat G.: "High policy" and "low policy". Fresh water resources in the Middle East, in: Journal of South Asian and Middle Eastern Studies (Villanova). 22 (Frühjahr 1999) 3, S. 16

Basis dieser Arbeitsschritte den hydraulischen Imperativ in seinen verschiedenen Varianten. Als Ergebnis der Arbeit kann damit nicht nur eine detaillierte Analyse[24] der komplexen Wasserthematik im Jordanbecken, sondern auch eine Aussage über die Bestandsfähigkeit einer verallgemeinernden These wie dem hydraulischen Imperativ erwartet werden.

3. Wassermangel und seine Wirkung

"Millions have lived without love. No one has lived without water"[25]. Dieser Satz aus dem Munde eines türkischen Geschäftsmannes verdeutlicht eindrucksvoll, was offensichtlich ist: Wasser ist lebensnotwendig, Wassermangel hingegen tödlich. Diese Einsicht erscheint trivial, und doch ist sie es nur auf den ersten Blick. In der vorliegenden Arbeit wird Wassermangel als Ursache von Konflikten dargestellt. Dabei wird das staatliche Handeln untersucht, und die Analyse wird zeigen, dass Wasser in vielerlei Hinsicht für Wohlstand und Sicherheit eines Staates notwendig ist. Doch die Analyse wird auch zeigen, dass gesundheitliche Folgen von Wassermangel in der Bewertung seiner Bedeutung keine Rolle spielt. Es existieren Dutzende machtpolitisch orientierter Schriften zu diesem Themenkomplex. Industrie, Agrarbusiness und Energie spielen dabei eine wesentliche Rolle. Im krassen Gegensatz dazu steht die Zahl der Analysen gesundheitlicher Beeinträchtigung der Menschen durch einen Mangel an Wasser. Nach der Begutachtung einer großen Vielzahl von Literatur zu diesem Themenkomplex[26] kann festgestellt werden: Volksgesundheit und Durst leidende Menschen sind sicher keine ursächliche Dimension von Konflikt und Kooperation im Jordanbecken. Trotzdem soll dieses Kapitel die Gesundheit der von Wassermangel betroffenen Menschen in den Vordergrund stellen. Es soll deutlich gemacht werden, dass Wassermangel keineswegs nur landwirtschaftliches Autarkiestreben

---

[24] detailliert ist sicherlich relativ. Allein die Bearbeitung der israelisch-palästinensichen
Wasserproblematik hat zum Beispiel J.A. Allan mehr als 250 Seiten gekostet, vgl. Allan, J.A. (Hrsg):
Water, peace and the Middle East. Negotiating resources in the Jordan Basin, (London), Tauris , 1996
[25] De Villiers, Marq: Water Wars, London 1999, S. III
[26] Die Bibliographie mag einen Anhaltspunkt für den Umfang der Literatursichtung geben.

16

oder industrielles Wachstum behindert. Wassermangel quält die Menschen, direkt und ohne Umweg.

Welche Folgen für die Physiologie des einzelnen Menschen hat Wassermangel überhaupt? Es ist ganz offensichtlich, dass große Industrieanlagen, die eine bestimmte Menge Wasser benötigen dann mit einem Wassermangel konfrontiert sind, wenn diese Menge nicht erreicht wird. Auch in der Landwirtschaft ist das Beispiel eines zu dürftig bewässerten Feldes ausreichend um zu verdeutlichen, welche Konsequenzen Wassermangel hier haben kann: Es verdorrt. Bei der Auswirkung einer Unterversorgung von Wasser bei Menschen, ist die Wirkung nicht immer eine sofortige. Verdursten ist auch im Nahen Osten keine häufige Todesursache[27]. Und doch ist der Wassermangel eine schleichende Bedrohung für die menschliche Gesundheit. Wenn von Wassermangel die Rede ist, so lassen sich zwei grundsätzliche Arten unterscheiden. Zum einen der generelle Flüssigkeitsmangel, d.h. eine absolute Unterversorgung mit Wasser, der Körper nimmt nicht die für seine optimale Funktionsfähigkeit vorausgesetzte Menge Wasser auf. Die andere Art von Wassermangel ist weniger absolut, sie beschränkt sich auf den Mangel an trinkbarem bzw. zur Nahrungsmittelzubereitung wirklich geeignetem Wasser. Der rein quantitative Aspekt ist sicherlich der weniger gewichtige, die Zahl der betroffenen Menschen ist hier sicherlich geringer. Chronischer Flüssigkeitsmangel führt zu Schwächegefühl und Lethargie, häufig in Verbindung mit dem heißen und trockenen Klima. Es bedarf keiner großen Phantasie um zu erkennen, dass allein dieses Schwächegefühl die Chancen zu einer Entwicklung des Individuums deutlich herabsetzt. Noch schwerer wiegen die mit chronischem Flüssigkeitsmangel einhergehenden Nierenleiden. Sowohl Nierenfehlfunktionen als auch totales Nierenversagen können hier als Folgen langandauernder zu geringer Flüssigkeitsversorgung angeführt werden[28].

---

[27] Wenngleich ich diese Aussage nicht belegen kann
[28] Für die hier aufgezeigten Informationen zu den gesundheitlichen Folgen von Wassermangel dienten verschiedene Gespräche mit Ärzten

Besonders tückisch: die schwächeren Organismen von Kindern und Älteren bekommen die Folgen von Dehydration als erste zu spüren. Die zweite gesundheitlich bedeutende Dimension von Wassermangel ist die nicht ausreichende Versorgung mit trinkbarem bzw. sauberem Wasser. Auf den ersten Blick ist der Zusammenhang von Wassermangel und Wasserqualität nur bedingt ersichtlich. Der stetige Wassermangel zwingt zum Beispiel die Bewohner der Westbank alle Wasserquellen zu erschließen, die sich Ihnen bieten. Eine Beschränkung auf Leitungswasser ist auch dort nicht möglich, wo solches existiert. So ist zum Beispiel in einem Flüchtlingslager in der Westbank die offizielle Wasserversorgung nur für 20 Minuten am Tag aktiviert[29]. Die daraus resultierende Notwendigkeit zur Hortung von Wasser impliziert eine Reihe gesundheitlicher Risiken. Vetter verdeutlicht dies eindrucksvoll in Ihren „Wasserimpressionen"[30]. Die dort beschriebenen Quellen der Verunreinigung von Wasserzisternen z.B. mit Urin belegen die Risiken der Zisternen-Wasserversorgung. Die Tatsache, dass nahezu die Hälfte aller Kinder in der Westbank an Darmparasiten leiden, erscheint daher ebenso einleuchtend wie die zu mehr als 74% durch Infektionskrankheiten ausgelöste hohe Kindersterblichkeit in der Region[31]. Auch wenn die Menge des vorhandenen Zisternenwassers für die grundsätzliche Versorgung der Menschen ausreichend ist, so ist doch die mangelnde Versorgung mit aufbereitetem Leitungswasser die Ursache für den Rückgriff auf gesammeltes Wasser. Die starke Übernutzung von Frischwasserquellen ist eine weitere Ursache gesundheitlicher Risiken. Vielerorts ist der Grundwasserspiegel derart weit abgesunken, dass eine starke Versalzung der vorhandenen Restbestände auftritt. Auch hier bleibt den Menschen häufig nichts anderes übrig, als das versalzene Wasser trotzdem zu konsumieren, verbunden mit schweren Folgen für die Gesundheit, wie z.B.

---

[29] vgl. Baz, Ismail al / Mattes, Norbert : Ressourcen im Fruchtbaren Halbmond. Ein Überblick, in: INAMO-Beiträge (Erlangen). 2 (Frühjahr-Sommer 1996) 5-6, S. 16
[30] vgl. Vetter, Angelika: Wasserimpressionen, in: Palästina (Bonn). 4 (Oktober 1991) 4, S. 14
[31] vgl. Bellisari, Anna: Wenn Trinken krank macht: Wasser in den besetzten Gebieten, in: INAMO-Beiträge (Erlangen). 2 (Frühjahr-Sommer 1996) 5-6, S. 19f

18

Bluthochdruck, neurologische Störungen bis hin zu Herzversagen[32]. Die hier aufgezeigten, mit dem Wassermangel in direkter Verbindung stehenden gesundheitlichen Leiden zeigen die menschliche Dimension des Themenkomplexes „Wassermangel" auf, der in seiner Bedeutung neben anderen sicherheitspolitischen Herausforderungen besteht und weitaus seltener thematisiert wird. Es gilt wörtlich, was Moshe Sharett, einstiger israelischer Ministerpräsident sagte: „Water to us is life itself"[33]

4. Das Jordanbecken

Das Jordanbecken als geographischer Begriff bezeichnet in dieser Arbeit das gesamte Wassereinzugsgebiet des Flusses Jordan. Dazu gehören nicht nur die Quellflüsse des Jordan Dan, Banias und Hasbani im Norden, sondern auch alle weiteren Zuflüsse, wie zum Beispiel der südlich des See Genezareth mündende Yarmuk[34].

Über die eigentlichen Oberflächengewässer hinaus werden in dieser Arbeit auch die Grundwasservorkommen in diesem Gebiet dem Begriff Jordanbecken hinzugerechnet. Diese Grundwasservorkommen werden Aquifere genannt und lassen sich in Küstenaquifer, nördlicher Aquifer, westlicher Aquifer und östlicher Aquifer unterscheiden. Die drei letzteren werden in der Literatur häufig als Mountain-Aquifere zusammengefasst, sie liegen alle auf dem Gebiet der Westbank; hydrologisch existieren diese natürlichen unterirdischen Reservoirs aber unabhängig voneinander[35].

Für diese Arbeit wird der Begriff Jordanbecken in seiner Bedeutung über die rein hydrographische oder geographische Bedeutung hinaus ausgedehnt. Da es in dieser Analyse vorrangig um politische und nicht hydrographische Forschungen geht,

---

[32] vgl. Ebenda, S. 20f
[33] Dolatyar, (anm. 17), S. 601
[34] siehe auch Karte von Al-Kloub, Bashar / Al-Shemmeri, T.T., in Allan (Anm. 27), S. 186, dargestellt auf folgender Seite

macht es wenig Sinn, die Betrachtung von Konflikt und Kooperation an der jeweiligen Wasserscheide enden zu lassen. Vielmehr hat das hydrographische Jordanbecken für die Anrainerstaaten eine Bedeutung, die in den einzelnen politischen Einheiten weit über die hydrographische Abgrenzung des Jordanbeckens hinausgeht. Ein vergleichendes Beispiel soll dies verdeutlichen: Das Wassereinzugsgebiet des Nils in Ägypten ist auf wenige Kilometer um das Flussbett herum beschränkt, trotzdem ist das Land am Nil, Ägypten, in seiner Gesamtheit in weiten Teilen von Nilwasser abhängig. Analog hierzu soll auch der politische Begriff des Jordanbeckens verstanden werden, in dieser Arbeit bezieht er sich auf die Staaten und politischen Einheiten[36], die direkt oder indirekt von der Hydrographie des Jordanbeckens abhängig sind. Als Anrainerstaaten sind dies Israel, Jordanien, Syrien sowie die Palästinensergebiete. Ein bedeutendes Merkmal der Wasservorkommen im Jordanbecken ist ihre Transnationalität, sowohl die Grundwasservorkommen, als auch die Oberflächengewässer fließen durch mehrere Staaten oder politische Einheiten des Jordanbeckens. Auch auf libanesischem Gebiet fließt für ein kurzes Stück der kleine Jordanquellfluss Hasbani, jedoch finden sich keine Hinweise darauf, dass der Libanon dieses Wasser hätte nutzbar machen wollen. Der libanesische Litani, der in Grenznähe zu Israel fließt und deshalb auf den ersten Blick dem Jordanbecken zugerechnet werden könnte, befindet sich nicht nur vollständig auf dem Territorium des Libanon, er ist auch vom Wassersystem des Jordan unabhängig. Die Definition des Begriffes des Jordanbeckens, wie sie in dieser Arbeit Verwendung findet, ist also eine interdisziplinäre, sowohl Elemente der Hydrographie wie auch der Politik sind in ihr verwendet.

---

[35] Karte von Kliot, Nurit in Amery / Wolf (Anm. 3), S. 194
[36] Dieser Zusatz ist solange notwendig, solange die Palästinensergebiete zwar teilautonom und auch Konfliktpartei aber noch kein Staat sind.

Die klimatische und hydrographische Situation im Jordanbecken

Der Diercke Weltatlas[37] kennzeichnet das Gebiet des Jordanbeckens großflächig als beständig regenarm, die Region liegt in der Grenzzone von semi-aridem zu aridem Klima. Doch dieses Bild allein ist zu undifferenziert. Zwar prägen die Wüste oder wüstenartige, karge Gebiete große Teile Israels, der Palästinensergebiete und Jordaniens, insgesamt aber sind vor allem die Niederschlagsmengen regional sehr unterschiedlich[38]. Während der Norden des Jordanbeckens vor allem in den Bergregionen recht hohe Niederschlagsmengen aufweist, sind die südlicheren Gebiete starker Trockenheit ausgesetzt. Diese Unausgewogenheit ist eine Ursache dafür, dass schon sehr früh Pläne entstanden, die im Norden vorhandenen Wasserressourcen auch für die südlicheren Regionen nutzbar zu machen, die Entstehung von Nord-Süd-Wasserkanälen in Israel und Jordanien, die später noch zu diskutieren sind, belegen dies[39].

Im folgenden soll auf die den einzelnen Staaten zur Verfügung stehenden Wasserressourcen, den Verbrauch und die Bedeutung von Wasser für die jeweilige politische Einheit eingegangen werden. Dabei spielt vor allem in den ersten beiden Kapiteln die bloße Wiedergabe und Ordnung der jeweiligen Daten eine bedeutende Rolle. Die Genauigkeit und Glaubwürdigkeit der dargestellten Daten zu Wasservorkommen und Wasserverbrauch kann vom Autor dieser Arbeit nur schwer überprüft werden, hier ist man auf die Ergebnisse hydrologischer Untersuchungen angewiesen. Trotzdem beschleichen den Autor dieser Arbeit Zweifel an eben den Ergebnissen dieser vielfältigen Untersuchungen. Nicht nur, dass sich keine Arbeit finden ließ, die hinsichtlich der Zahlen von Wasservorkommen und Verbrauch mit den Ergebnissen einer anderen Arbeit übereinstimmen, Stephen C. Lonergan und David B. Brooks beschreiben die Datenlage auch als Krise an sich und widmen dieser Daten-Krise ein eigenes

---

[37] Vgl. Diercke Weltatlas, (Braunschweig), Westermann Schulbuchverlag, 1988, S. 87

[38]Karte aus Dombrowsky, Ines: Wasserprobleme im Jordanbecken. Perspektiven einer gerechten und nachhaltigen Nutzung internationaler Ressourcen (Frankfurt/Main), Lang, 1995, S. 30

[39] vgl. Kapitel 6 dieses Buches

Kapitel[40] in ihrer Arbeit über den israelisch-palästinensischen Wasserkonflikt[41]. Auf Grund der Wassermenge keinesfalls zu vernachlässigen sind die Aquifere, die noch einmal 645 Millionen Kubikmeter nutzbares Wasser darbieten[42]. Diese Grundwasservorkommen werden zum überwiegenden Teil von Israel genutzt, sie liegen aber zum größten Teil auf dem Gebiet des Westjordanlandes[43].

Die Oberflächengewässer sind zum einen stark miteinander verbunden, zum anderen nicht auf das Territorium eines Staates begrenzt. Gawdat Baghat stellt daher auch fest, dass allein 36% des von Jordanien verbrauchten Wassers nicht auf seinem Territorium ihren Ursprung haben, für Israel sind dies noch 21%[44]. Dabei handelt es sich bei diesen Zahlen nur um die Oberflächengewässer, und für die israelische Zahl bleibt anzumerken, dass hier offensichtlich die territorialen Akquisitionen der sechziger Jahre bereits zu israelischem Gebiet gezählt werden. Diese Tatsache, verbunden mit der Information, dass die vorhandenen Wasserquellen, Oberflächengewässer wie Aquifere, bereits vollständig genutzt werden[45], ist die eigentlich wichtige Erkenntnis die mit der Untersuchung der hydrographischen Grundlagen des Jordanbeckens einhergeht[46]. Im weiteren sollen die Wasserbilanzen von Israel, Syrien, Jordanien und den Palästinensergebieten noch einmal genauer beachtet werden.

Wassersituation in Israel

Israel nutzt jedes Jahr ca. 2000 Mio. Kubikmeter Wasser. Je ein Viertel dieses Wassers stammt aus dem See Genezareth und aus den sogenannten „Mountain-

---

[40] vgl. Lonergan, Stephen C., Brooks, David B.
Watershed. The role of fresh water in the Israeli-Palestinian conflict. (Ottawa), International Development Research Centre, 1994, S. 8 ff
[41] Karte aus Lonergan / Brooks (Anm. 43), S. 44, dargestellt auf folgender Seite
[42] vgl. Dombrowsky, (Anm. 41), S. 38
[43] Karte von Beaumont, Peter in Amery / Wolf (Anm. 3), S. 35
[44] vgl. Bahgat, (Anm. 26), S. 26
[45] vgl. Ratsch, Ulrich: Wasserregime im Jordan-Becken, aus: Margret Johannsen (Hrsg.): Wege aus dem Labyrinth?, Institut für Friedensforschung und Sicherheitspolitik an der Univ. Hamburg. - Baden-Baden : Nomos Verlagsgesellschaft, 1997. - (Demokratie, Sicherheit, Frieden ; Bd. 107), S. 243
[46] Karte aus Lonergan / Brooks (Anm. 43), S. 32 / sowie vorhergehende Karte, vgl. Anm. 44

Aquiferen", die zu weiten Teilen auf bzw. unter der Westbank liegen. Damit ist zumindest die Hälfte des von Israel genutzten Wassers aus Quellen, die es sich mit anderen teilt, der See Genezareth dient ja als Reservoir für Jordan und Yarmuk-Wasser, dass seine Quelle nicht vollständig auf israelisch kontrolliertem Boden hat. Auffallend ist, dass nahezu 65% der gesamten Wassermenge in der Landwirtschaft verwendet wird, die Industrie hat nur einen Bedarf von ca. 6%, die privaten Haushalte nutzen weniger als 30% des Wassers. Die Entwicklung der Wassernutzung für die nächsten Jahre wird in der Literatur relativ einheitlich vorhergesagt. Die Bevölkerung wird weiter rasch zunehmen und somit ist zu erwarten, dass auch die Nachfrage nach Wasser stark ansteigen wird. Gemindert werden könnte diese Zunahme nur durch eine Umsteuerung in den Wirtschaftssektoren, da die Landwirtschaft zwar ¾ der israelischen Lebensmittel liefert, aber dabei unter 10% der Wirtschaftsleistung ausmacht[47]. Die ausgedehnte agrarische Nutzung des bereitgestellten Wassers ist zwar auch in den anderen Staaten anzutreffen, es ist aber nicht von der Hand zu weisen, dass das zur Landwirtschaft verwendete Wasser für Israel von einer besonderen Bedeutung ist, der hier kurz nachgegangen wird:

Die große Bedeutung der Wasserressourcen für den israelischen Staat wurzeln in seiner Geschichte. Der Zionismus, welcher die Lehre von der Schaffung eines eigenen jüdischen Staates bedeutet, war seit seinem Aufkeimen zum Ende des 19. Jahrhunderts durch eine sozialistische Stoßrichtung geprägt. Damit einher ging die Vorstellung, der neue jüdische Staat müsste durch eine starke Agrarisierung geprägt sein, die der Orientierung auf Handel und Finanzen, die viele Juden in der Diaspora vollzogen hatten, entgegengesetzt werden sollte[48]. Verbunden hiermit war auch die Vorstellung, das von den Juden besiedelte Land könnte letztlich nur durch die eigenhändige Bewirtschaftung zu jüdischem Land werden. Das Anrecht

---

⁴⁷ vgl. Dombrowsky, (Anm. 41), S. 70ff
⁴⁸ Cohn Sherbok, Dan: Judentum, Verlag Herder, Freiburg im Breisgau 2000, S. 96ff

auf den jüdischen Staat und sein Land sollte also über die Produktivität auf demselben erreicht werden. Die Agrarisierung Palästinas diente also zugleich ideologischen Motiven, als auch dem Versuch eine Eigentümerschaft zu begründen, die über den bloßen Kauf von Land hinaus ging. Gleichzeitig erfüllte eine rasche Agrarisierung weitere Ziele: eine Ballung der Bevölkerung wird vermieden, im Gegenteil wird es möglich das Land gleichmäßig und umfassend zu besiedeln und damit die ökonomische Basis für die Entwicklung eines Staates zu schaffen, der in der Lage wäre große Teile der in der Diaspora lebenden Juden aufzunehmen[49]. Wasser und Bewässerung ist und bleibt auf absehbare Zeit ein zentraler Faktor in jeder Agrarwirtschaft. Die tendenzielle Knappheit durch schwierige klimatische Bedingungen in Palästina haben dazu beigetragen den agrarischen Imperativ, den der Zionismus mit sich brachte rasch mit einem hydraulischen zu verknüpfen. Die Wasserfrage ist also über den Agrarsektor eng mit ideologischen Grundpositionen der israelischen / jüdischen Gesellschaft verbunden, die bis heute Bestand haben. Daher bekommen die Wasserressourcen für Israel eine Bedeutung, die über rein rationale Aspekte hinausgehen, was es manchmal schwer macht, das Festhalten an der hohen Wasserzuteilung für den Agrarsektor zu verstehen, die ideologische Bedeutung darf bei der Analyse israelische Wasserpolitik also keineswegs vollkommen außer acht gelassen werden.

Wassersituation in den Palästinensergebieten

Für die Bevölkerung des Westjordanlandes und des Gazastreifens kommt grundsätzlich die Nutzung der in ihrem Gebiet befindlichen Grundwasservorkommen und des Jordans in Betracht. Da der Jordan unterhalb des See Genezareth durch den hohen Salzgehalt faktisch nicht mehr nutzbar ist[50],

---

[49] vgl. Lowi, Miriam R.: Water and power. The politics of a scarce resource in the Jordan River basin., (Cambridge), 1993, S.51f
[50] vgl. ebenda

24

verbleibt ein Potential von ungefähr 600 Millionen Kubikmetern Frischwasser aus den Aquiferen. Dem steht eine reale Nutzung von nur rund 240 Millionen Kubikmeter entgegen, die übrigen Vorkommen werden von Israel genutzt[51]. Auch in den Palästinensergebieten steht die landwirtschaftlcihe Nutzung an erster Stelle, die industrielle Wassernutzung spielt fast keine Rolle[52]. Alfred R. Rouyer beschreibt, dass der wirkliche Bedarf an Frischwasser auf Seiten der Palästinenser weit höher liegt, wenn Entwicklung möglich sein soll, die jetzige Wassersituation kennzeichnet er als dem „De-Development"[53] förderlich. Auch ist für die nächsten Jahrzehnte hier eine weitere Bedarfssteigerung zu erwarten, die ebenfalls hauptsächlich auf dem Bevölkerungswachstum beruht, das mit einem möglichen endgültigen Friedensschluss zwischen Israel und den Palästinensern erneut eine deutliche Zunahme erfahren dürfte[54].

Wassersituation in Jordanien

Jordanien verfügt über jährliche Wasserressourcen von ca. 750 Millionen Kubikmeter. Auch hier ist das Wasser des Jordanflusssystems und hier besonders des Yarmuk für Jordanien eine besonders wichtige Quelle, da dieses Wasser den East-Ghor-Kanal speist, der Frischwasser in Richtung Süden transportiert. Die übrigen Wasserressourcen verteilen sich auf ganz in Jordanien liegende Grundwassersysteme und kleinere Flüsse (Wadis)[55]. Jordanien hat den wohl stärksten Wassermangel der Staaten im Jordanbecken[56]. Über 75% seiner Wasservorkommen nützt Jordanien für die Landwirtschaft, die hier auch für die Zukunft als wichtiger Faktor in der Entwicklung des Landes und zur Schaffung neuer Arbeitsplätze gesehen wird, mitunter wird sogar erwartet, dass sich der

---

[51] vgl. Dombrowsky, (Anm. 41), S. 84f
[52] vgl. Rouyer, Alwyn R.: Turning water into politics. The water issue in the Palestinian-Israeli conflict. (ohne Ort) Basingstoke-Macmillan , 2000, S. 26f
[53] ebenda, S. 59
[54] vgl. Dombrowsky, (Anm. 41) S. 90f
[55] vgl. Lowi (Anm. 52), S. 31ff.
[56] vgl. ebenda

jordanische Wasserbedarf innerhalb eines Jahrzehntes nahezu verdoppeln könnte[57]. Darüber hinaus hat auch für das politische System Jordaniens Wasser eine besondere Bedeutung.

Will man diese Bedeutung der Ressource Wasser für den jordanischen Staat und seine Gesellschaft abschätzen, so lohnt ein kurzer Blick auf die wirtschaftlichen Grundlagen des Landes[58]. Bis in die 80er Jahre hinein konnte Jordanien als reiner Rentierstaat gelten, d.h. Einkünfte von außen dienten den herrschenden Haschemiten als Hauptquelle des Staatseinkommens. Diese Einkommen stammten neben einem stagnierenden Erdölgeschäft vor allem aus dem großflächigen Ausbau der Agrarwirtschaft, der mit dem Ziel, weitere Geldquellen, wie z.B. Finanzhilfen, zu erschließen, verbunden war, die gleichzeitige Exportorientierung der Agrarwirtschaft unterstreicht dieses Ziel. Betrachtet man die Herrschaftsstruktur Jordaniens, lässt sich feststellen, dass hier eine autokratische Elite, die Haschemiten, die Macht in Händen hält. Dementsprechend ist die Verwendung der Staatseinnahmen direkt mit der Sicherung der Herrschaft dieser Elite verbunden. Sowohl der großangelegte Ausbau des Agrarsektors als auch dessen klimatisch bedingter hohe Verbrauch an Frischwasser bei gleichzeitig hoher Bedeutung für die Einnahmen und Wirtschaftsleistung Jordaniens führen zu einer Verquickung von Herrschaftssicherung und der Verfügbarkeit von Frischwasser, da letzteres die Entwicklungs- und Leistungsfähigkeit des Agrarsektors entscheidend bedingt[59]. Gleichzeitig subventioniert die jordanische Regierung das für den Agrarsektor verwendete Wasser erheblich und sichert sich damit zusätzlich die Ergebenheit und Königstreue der ländlichen Bevölkerung, die für die Haschemiten eine verlässliche

---

[57] vgl. Kay, Paula A. / Mitchell, Bruce: Water Security for the Jordan River States: Performance Criteria and Uncertainty, in: Amery / Wolf (Anm. 3), S. 178

[58] vgl. z.B. Baratta, Mario von (Hrsg.): Fischer Weltalmanach, (Frankfurt am Main), 2000, S. 415ff.

[59] vgl. ausführlich Renger, Jochen, Thiele, Andreas: Wasser und Herrschaft. Zur Instrumentalisierung einer Ressource am Beispiel Israel und Jordanien, in: INAMO-Beiträge (Erlangen). 2 (Frühjahr-Sommer 1996) 5-6, S. 23ff.

und wichtige Stütze darstellt[60]. Diese Verbindung von Wasserressourcen und den Grundlagen der Herrschaft im jordanischen Königreich sind bei der Analyse und Bewertung der jordanischen Politik, wie sie in den folgenden Kapiteln vorgenommen wird zu beachten, da somit das große Interesse Jordaniens an der Verfügbarkeit von Wasserressourcen besser verständlich wird und zur Erklärung seiner Prioritätensetzung beitragen kann.

Wassersituation in Syrien

Syrien ist das einzige Land am Jordanbecken, dass nicht unter einem akuten Wassermangel leidet. Trotzdem ist Syrien für diese Arbeit von besonderem Interesse, da zu seinem Territorium die wasserreichen Gebiete der Golanhöhen gehören, die seit dem Sechs-Tage-Krieg von Israel besetzt werden. Auch wird damit gerechnet, dass sich die Wasserinteressen Syriens in den nächsten Jahrzehnten durchaus ausweiten könnten, schon jetzt nimmt die Nutzung des Yarmukwassers durch Syrien zu, was sich negativ auf die jeweiligen Wasserbilanzen Jordaniens und auch Israels auswirken könnte[61].

Zusammenfassung

Zusammenfassend lassen sich folgende Aussagen als Kern der hydrographischen Situation des Jordanbeckens herausarbeiten:

1. Israel, Jordanien, die Palästinensergebiete und Syrien nutzen Wasserquellen, die sie sich jeweils mit einem oder mehreren der anderen Staaten teilen müssen.

---

[60] vgl. ebenda
[61] vgl. Dombrowsky, (Anm. 41), S. 102

27

2. Israel, die Palästinensergebiete und Jordanien sehen sich mit der Situation konfrontiert, dass ihre verfügbaren Wasserressourcen jetzt oder in naher Zukunft nicht mehr ausreichen werden, um den eigenen Bedarf zu decken.

3. Eine in ihrem Sinne ausreichende Wasserversorgung spielt für die Anrainer des Jordanbeckens eine wichtige Rolle in der Entwicklung ihres Landes.

Exkurs: Internationales Wasserrecht

Um Konflikt, Kooperationsansätze oder die grundlegenden Positionen einzelner Staaten bewerten zu können ist es notwendig sich zumindest ansatzweise mit der rechtlichen Situation auseinander zu setzen. Natürlich können auch allgemein anerkannte Rechtssätze Ungerechtigkeiten enthalten und deshalb vielleicht letztlich nicht zu einer nachhaltigen Lösung von Wasserverteilungskonflikten beitragen. Trotzdem kann die Analyse des internationalen Wasserrechts helfen, aufzuzeigen inwiefern hier die Basis für eine Beilegung von Konflikten überhaupt vorhanden ist. Dem Leser kann dieses Kapitel als Orientierung bei einer eigenen Bewertung der in den späteren Kapiteln dieser Arbeit dargestellten Handlungen von Konfliktparteien hilfreich sein, der Autor dieser Arbeit verzichtet bewusst auf eine Wertung der Handlung an Hand von Rechtsprinzipien, für Ihn steht die Analyse des Konfliktverlaufs und der Ursachen im Vordergrund, nicht aber eine etwaige Zuweisung von Schuld, wie dies bei der rechtlichen Überprüfung von Handlungen der Fall wäre. Internationales Recht soll hier in seiner Rolle als konfliktverschärfendes, -beseitigendes oder –neutrales Element betrachtet werden.

Wenn die Verknüpfung Wasser und Recht diskutiert wird, so lässt sich grundsätzlich feststellen, dass qualifizierte Wissenschaftler zu der Ansicht gelangen, dass der Zugang zu einer ausreichenden Menge Wasser ein

Menschenrecht ist[62]. Natürlich erscheint eine solche Äußerung, auch wenn Sie mit der Lebensnotwendigkeit des Wassers erklärt wird, zu wenig differenziert. Zwar ist sicherlich noch allgemeine Zustimmung für die Forderung zu erreichen, dass niemand verdursten darf[63]. Aber um diesen Punkt werden die in dieser Arbeit analysierten Konflikte auch nicht ausgetragen, vielmehr ist eine Ursache der verschiedenen Konflikte die menschliche Nutzung von Wasser, die über die Deckung primärer Bedürfnisse hinausgeht, so zum Beispiel Elektrizitätserzeugung, autarke Landwirtschaft oder Industrialisierung. Erst diese mit der menschlichen Entwicklung einhergehenden Bedürfnisse haben die Wasservorkommen z.B. im Jordanbecken zu klein für die gleichberechtigte Verteilung an alle werden lassen. Dieses Problem hat in den letzten Jahren dazu geführt, dass eine Reihe unterschiedlicher Ansätze zur Schaffung eines einheitlichen internationalen Wasserrechts entwickelt worden sind. Es muss aber festgehalten werden, dass bisher keine dieser Rechtssätze, Doktrinen oder Prinzipien völkerrechtlich letztlich bindend sind oder gar eingeklagt werden können, allenfalls dem Völkergewohnheitsrecht kann hier eine gewisse Tragfähigkeit beschieden werden[64]. Insofern sind Anmerkungen, wie die von Annette von Edig, dass sich Staaten einfach über internationales Wasserrecht hinwegsetzen[65] nicht immer hilfreich. Die verschiedenen Ansätze sollen im folgenden dargestellt werden, wobei gleichzeitig auf die unterschiedliche Bedeutung für die Staaten bzw. Parteien im Jordanbecken eingegangen wird.

---

[62]Toussaint, Benedikt: Wasser als Konfliktstoff am Beispiel Jordan-Becken, in: Europäische Sicherheit (Hamburg). 50 (Mai 2001) 5, S. 7

[63] zugegeben kann selbst diese Mindestforderung nicht grundsätzlich als anerkannt gelten, de facto hat aber in den hier untersuchten Konflikten nie eine Partei versucht Konfliktgegnern jegliches Recht und jegliche Möglichkeit auf Wassernutzung zu nehmen.

[64] vgl. Dombrowsky, (Anm. 41), S. 110

[65] vgl. Edig, Annette van: Rechtliche Schwierigkeiten und Möglichkeiten eines multilateralen Wassermanagements im Nahen Osten, in: Verfassung und Recht in Übersee (Baden-Baden). 31 (3. Quartal 1998) 3, S. 373

Uneingeschränkte Territoriale Souveränität

Diese Rechtsauffassung gehört zu den frühen Doktrinen, die eigentlich nur von Oberanrainern internationaler Gewässer mit entsprechendem militärischen Potential vertreten wurde. Dieser Doktrin folgend, besitzt ein Staat tatsächlich alle Rechte auf das sich auf seinem Territorium befindliche Wasser und kann darüber nach eigenen Interessen frei verfügen[66]. Dazu gehört auch die vollständige Umleitung, Stauung und Nutzung grenzüberschreitender Gewässer bei der die Unteranrainer keinerlei Mitsprache- oder Verfügungsrechte haben. Diese Position lässt sich in der Rechtsauffassung Syriens erkennen, als es im Vorfeld des Sechs-Tage-Krieges darauf drängte, die Jordanquellen noch auf eigenem Territorium abzuleiten, so dass Israel das Wasser buchstäblich abgegraben worden wäre. Heutzutage ist an eine umfassende Geltung eines solchen Rechtssatzes nicht zu glauben, bedeutete dies doch zum Beispiel, dass Ägypten keinerlei Rechte auf ein beständiges Fließen des Nils in sein Territorium hätte. Selbst wenn also das Territorialprinzip die einfachste Lösung für die Bestimmung der Wasserrechte wäre, so kann diese Rechtsvorstellung nicht helfen, Wasserkonflikte nachhaltig zu lösen.

Absolute territoriale Integrität

Dem vorgenannten Prinzip entgegengesetzt ist die Rechtsauffassung der absoluten territorialen Integrität, welche eine solche Nutzung des Wassers verbietet, die einem anderen Anrainer eine Beeinträchtigung zufügen könnte[67]. Verständlicherweise wird diese Auslegung von Unteranrainern eines Flusses bevorzugt, zum Beispiel votierte Israel auf Basis dieses Prinzips gegen den Bau eines Hochstaudammes am Yarmuk, der den ungehinderten Fluss des Yarmuk

---

[66] vgl. Rowley, Gwyn: Political Control of River waters and Abstractions between Various States within the Middle east: Laws and operations, with Special Reference to the Jordan Basin, in: Amery / Wolf (Anm. 3), S. 227
[67] vgl. Kliot, Nurit N.: A Cooperative Framework for Sharing Scarce Water Resources: Israel, Jordan and the Palestinian Authority, in Amery / Wolf (Anm. 3), S. 206

auch auf israelisches Gebiet behindert hätte. Letztlich ist aber auch das Prinzip der absoluten territorialen Integrität nicht geeignet, Oberanrainer-Unteranrainer-Konflikte zu befrieden, da es die Unteranrainer überdeutlich bevorteilt. Zudem kann dieses Prinzip in vielen Fällen als allzu realitätsfern gelten, so ist es doch nahezu ausgeschlossen anzunehmen, dass der sich in der starken Oberanrainer-Position befindliche Staat auf die Möglichkeit zur Kontrolle und Erstnutzung des Wassers zu Gunsten eines Unteranrainers freiwillig verzichtet.

Beide hier zuerst genannten Prinzipien, territoriale Souveränität und territoriale Integrität wirken bezogen auf die heutige, komplexe Situation im Jordanbecken – und nicht nur hier- anachronistisch, zumal der Konflikt um Jordan, Yarmuk und Grundwasservorkommen dazu geführt hat, dass alle beteiligten Staaten je nach Gewässer sowohl Unter- als auch Oberanrainerpositionen einnehmen. Berber bemerkt zu Recht: "personal and egotistical interests are raised to the level of guiding principles"[68]. Diese Erkenntnis setzte sich bereits zu Beginn der 60er Jahre des zwanzigsten Jahrhunderts durch, als versucht wurde, erste von diesen Doktrinen abweichende Regeln für die Nutzung grenzüberschreitender Wasserressourcen zu schaffen.

Neuere Regelungen des Wasserrechts

Sowohl die International Law Association als auch das Institute of International Law haben in den sechziger Jahren ausdifferenzierte und recht komplexe Regelwerke verabschiedet, die eine gerechte Nutzung grenzüberschreitender Gewässer ermöglichen sollen. Dabei wurde die sogenannte Salzburger Resolution des Institutes of International Law bereits 1961 verabschiedet[69], die in der Literatur häufiger zitierten und weiterreichenden „Helsinki Rules" der International Law

---

[68] Berber, F.J., zitiert nach Rowley, Gwyn (Anm. 69), S. 227
[69] vgl. Dombrowsky, (Anm. 41), S. 115

Association fünf Jahre später[70]. Mit der Hinwendung zu der Gerechtigkeit als Element internationalen Wasserrechts kommt es zur Ausarbeitung des Prinzips der „gleichberechtigten Nutzung", das verschiedene Faktoren, wie die historisch gewachsene und sinnvolle Nutzung oder die *dringenden Bedürfnisse* der Anrainer miteinbezieht und letztlich auf das Instrument der Verhandlung setzt, um die Nutzung der Wasservorkommen eines Wassereinzugsgebietes zu optimieren und gerecht aufzuteilen[71]. Dabei wird die Souveränität eines Staates über die auf seinem Boden befindlichen Wasservorkommen deutlich eingeschränkt. Dieser Ansatz kann in der Tat als Element des Völkergewohnheitsrechts verstanden werden[72]. Neben dem großen Vorteil der kooperativen oder zumindest verhandlungsorientierten und damit meist konfliktmindernden Strategie können dieser Doktrin aber auch Nachteile attestiert werden. Die eigentlich begrüßenswerte Flexibilität, die diesen Ansatz auch auszeichnet, führt dazu, dass Verhandlungen bei verhärteten Positionen leicht zum Erliegen kommen können. Es ist bezeichnend, dass bis zum Beginn des Nahostfriedensprozesses alle Beteiligten lieber an den erstgenannten Rechtsprinzipien festhalten wollten[73].

Die ILC-Rules als zukunftsweisendes Konzept

Nachdem offenbar wurde, dass die Helsinki-Rules mit dem Ansatz der gerechten Nutzung in vielen Konfliktfällen tatsächlich unangewandt blieben oder nicht zum Tragen kamen, beauftragten die Vereinten Nationen die Ihnen angegliederte International Law Commission (ILC) schließlich mit der Ausarbeitung eines

---

[70] vgl. Schiffler, Manuel: Das Wasser im Nahostfriedensprozeß. Ansätze zu einer gerechten Aufteilung und Möglichkeiten zur Entschärfung der Wasserknappheit, in: Orient (Opladen). 36 (Dezember 1995) 4, S. 607

[71] vgl. Shuval, Hillel I.: A proposal for an equitable resolution to the conflicts between the Israelis and the Palestinians over the shared water resources of the mountain aquifer, in: Arab Studies Quarterly (Belmont/Mass.). 22 (Frühling 2000) 2, S. 44

[72] vgl. Dombrowsky, (Anm. 41), S. 111

[73] dieser Absatz ist zu einem guten Stück weit Spekulation des Autors, es erscheint aber logisch, dass Verhandlungen im sinne der Helsinki-Rules erst möglich sind, nachdem das „Eis" bereits gebrochen ist. Es ist nicht ersichtlich, wie die Helsinki-Rules Rechtssicherheit für eine der Parteien herstellen kann, wenn der Konfliktgegner sich nicht kooperativ verhält.

Regelwerks, das in Form einer UN-Resolution verabschiedet werden sollte. Mit den ersten Arbeiten hierzu wurde bereits in den siebziger Jahren begonnen, mehrere Lesungen vor der Generalversammlung fanden in den neunziger Jahren statt. Obwohl die Verhandlungen durch die unterschiedlichsten Interessen einzelner Staaten belastet wurden, gelang es schließlich 1997 die Convention on the Law of the Non-navigational Uses of International Watercourses zu verabschieden[74]. Inhaltlich baut die Konvention auf den Helsinki Rules auf, auch hier wird das Prinzip der gleichberechtigten Nutzung grenzüberschreitender Wasservorkommen zu einem zentralen Punkt erklärt[75]. Gleichzeitig wurde mit Artikel 7 „Obligation not to Cause Signifant Harm" der Konvention das Prinzip der eingeschränkten territorialen Souveränität ausgebaut. Somit soll der Bau von Dämmen oder Kanälen in Zukunft nur dann rechtmäßig sein, wenn der dadurch entstehende Schaden nicht übermäßig groß ist oder entsprechende Kompensation erfährt[76]. Die Frage nach der Wirkung dieser Rechtsprinzipien in Konfliktfällen lässt sich nicht oder noch nicht eindeutig beantworten. Zum einen sind in der Literatur bisher keine Fälle beschrieben, welche die Anwendung der Konvention beschreiben, zum anderen bleibt das Problem der mangelhaften Durchsetzungsfähigkeit dieser Rechtsprinzipien weiter bestehen, wenn auch in einer abgeminderten Form. So ist es gelungen, die Verwendung ziviler Konfliktbearbeitungsmethoden in der Konvention festzuschreiben. Artikel 33, „Settlement of Disputes"[77], wartet mit einer langen Liste von Maßnahmen auf, die im Fall von Streitigkeiten durchgeführt werden sollen, von der Inanspruchnahme "guter Dienste", Mediation oder Beratung durch unbeteiligte dritte Staaten bis zur Einsetzung eines paritätisch besetzten Vermittlungsausschusses unter der Leitung

---

[74] Vgl. Barandat, Jörg / Kaplan, Aytül: International water Law, in Scheumann, Waltina / Schiffler, Manuel (Hrsg.): Water in the Middle East. Potential for conflicts and prospects for cooperation. (Berlin u.a.), Springer Verlag, 1998, S. 18ff. ,
und vgl. Convention on the Law of the Non-navigational Uses of International Watercourses, ebenda, S. 151
[75] vgl. ebenda, Artikel 5, S. 154
[76] vgl. ebenda, Artikel 7, S. 155
[77] vgl. ebenda, S. 165

eines von den Vereinten Nationen bestimmten Vorsitzenden reicht diese Aufstellung von Instrumenten, mit denen eine zivile Konfliktbearbeitung ermöglicht werden soll.

Wie gesehen ist bisher noch nicht sicher, ob das internationale Wasserecht in Zukunft dazu beitragen kann bestehende Konflikte zu lösen oder zukünftige zu vermeiden. Offensichtlich ist nur, dass die frühen Prinzipien territorialer Souveränität oder Integrität nicht zu einer Lösung von Konflikten beitragen konnten und die in den sechziger Jahren entstandenen und einen Minimalkonsens voraussetzenden Regeln der internationalen Rechtsorganisationen dies schlussendlich auf Grund ihrer mangelnden Durchsetzungsfähigkeit auch nicht konnten. Dies wird in den drei sich an dieses Kapitel anschließenden Fallstudien noch einmal deutlich werden, ohne dass dann erneut auf diese Rechtsprinzipien eingegangen wird. Es bleibt abzuwarten, ob die UN-Konvention in Zukunft eine Basis für die Konfliktbearbeitung im Jordanbecken bilden kann.

5. Fallstudien zu den einzelnen Konflikten

5.1 Der syrisch-israelische Konflikt

Die Bedeutung der Konfliktgenese

Um den syrisch-israelischen Konflikt aufzuarbeiten und die enthaltenen hydraulischen Aspekte zu betrachten, reicht es nicht aus nur auf die heutige Situation einzugehen[78]. Denn eben die hier vorgefundene konfliktträchtige Situation, die das israelisch-syrische Verhältnis zum Beginn dieses Jahrtausends kennzeichnet, wäre ohne eine Vielzahl von Entwicklungen, die teilweise weit über einhundert Jahre zurückliegen, nicht vorstellbar. Daher soll hier im folgenden die

Entwicklung des Konfliktes in den Teilen nachvollzogen und analysiert werden, wie dies für das Verständnis des Wasserkonflikts insgesamt notwendig ist. Viele Autoren[79] setzen dabei den frühesten Zeitpunkt ihrer Betrachtungen nach dem Krieg von 1948/49 an, dem die Staatsgründung Israels vorausging. Grundsätzlich dahingehend ein sinnvoller Ansatz, als dass die Existenz eines Staates Israel unbedingte Voraussetzung eines israelisch-syrischen Konfliktes sein muss. Aber in dieser Analyse wird darauf verzichtet, der an sich logischen Vorgehensweise genannter Autoren zu folgen, da der Wasserkonflikt zwischen Israel und Syrien unbestreitbar in einem unmittelbaren Zusammenhang mit dem Einsetzen des Zionismus beziehungsweise des „jüdischen Nationalismus" und der damit verbundenen jüdischen Einwanderung in die Region des Jordanbeckens steht. Diese soll den Beginn des zu analysierenden Konflikts markieren.

Der Beginn jüdischer Einwanderung

Selbst vor dem eigentlichen Einsetzen des jüdischen Nationalismus kam es bereits Mitte des 19. Jahrhunderts zu einer begrenzten agrarischen Tätigkeit jüdischer Neusiedler im „Heiligen Land", die vor allem kleinere Bewässerungsprojekte oder auch Weingüter etablierten. Eine Zunahme der Einwanderung und damit des Bedürfnisses nach Wasser und auch Land begann aber erst mit dem Aufkeimen des Zionismus und der finanziellen Unterstützung der Einwanderer durch reichere europäische Familien[80]. Nachdem Theodor Herzl, der als Vater des Zionismus gilt, das Ziel der Errichtung eines jüdischen Staates in Palästina hoffähig gemacht hatte, reiste Herzl zu einem Treffen mit dem deutschen Kaiser, der zu diesem Zeitpunkt einen gewissen Einfluss auf das osmanische Reich besaß, zu dem große Teile Israels aber auch Syriens damals gehörten. Der deutsche Kaiser erkannte zu diesem

---

[78] Eine Anmerkung, die zweifellos so für die meisten Konflikte gilt – eine Analyse der Konfliktgenese ist immer unerlässlich

[79] vgl. z.B. Shuval, Hillel I.: Water and security in the Middle East. The Israeli-Syrian water confrontations as a case study, aus: New frontiers in Middle East security. (Hrsg. von Lenore G. Martin), (Houndmills), Macmillan Press, 1998, S. 183-213

Zeitpunkt sehr deutlich den enormen Wasserbedarf eines jüdischen, agrarisch geprägten Staates[81]. Obwohl es seitens der Großmächte weder für die Errichtung eines jüdischen, noch eines arabischen[82] Nationalstaates Zustimmung, begann zur Jahrhundertwende eine breite Welle der Immigration nach Palästina, sowohl von Arabern der arabischen Halbinsel als auch von –hauptsächlich europäischen- Juden. Als der erste Weltkrieg ausbrach und absehbar wurde, dass das osmanische Reich zusammenbrechen würde, begannen sowohl die Franzosen als auch die Briten mit der Sicherung und Herausbildung von Einflusszonen im „Heiligen Land" und auch dem heutigen Syrien.[83] Während sich die Franzosen vornehmlich für den Norden und damit die Gebiete Syriens und des Libanons interessierten, suchten die Briten vor allem die Koalition mit den auf der arabischen Halbinsel und in Palästina lebenden Arabern und Juden. Eine Abgrenzung der beiden Einflusszonen konnte letztlich erst 1923 erzielt werden. Die bis dahin geführten Verhandlungen und entstehenden Konflikte stehen alle in einem maßgeblichen Zusammenhang mit der Versorgung der Gebiete mit Wasser[84]. Das erste wichtige französisch-britische Abkommen, das sogenannte Sykes-Picot-Agreement (im übrigen treffend karikiert in dem Film Lawrence von Arabien[85]), maß aber dem Faktor Wasser offensichtlich keine allzu große Bedeutung bei, während die Versorgung der Gebiete mit Öl, Transportwege und politische Verbindungen zu arabischen Stämmen die bestimmenden Faktoren waren[86]. Mit zunehmender Gewissheit über den Ausgang des ersten Weltkriegs gewannen wasserpolitische Überlegungen wieder zunehmend an Bedeutung, offenbar wollte vor allem Großbritannien nach 1918 nicht länger an der Sykes-Picot-Linie festhalten und

---

[80] vgl. Wolf (Anm. 24), S. 15f

[81] vgl. Tuchmann, Barbara: Bible and Sword, (New York), Ballantine, 1956, S. 291

[82] der arabische Nationalismus und das Streben nach einem unabhängigen Staat steckte noch in den Kinderschuhen

[83] vgl. Biger, Gideon, Geographical and other Arguments in Delimitation in the Boundaries of British Palestine, in: Grundy-Warr, Carl (Hrsg.): International Boundaries and Boundary Conflict Resolution, (Durham), 1989, S. 46ff

[84] vgl. Wolf, (Anm. 24), S. 16f

[85] Lieblingsfilm des Autors

[86] vgl. Wolf, (Anm. 24), S. 18

stattdessen die Grenzen Palästinas den biblischen Grenzen entsprechend vom Fluss Dan bis Bershaba festlegen. Die Versailler Verhandlungen verdeutlichten diese Entwicklung, die eine Abkehr von militärischen Gesichtspunkten darstellte und stattdessen wohlfahrtsorientierte Aspekte zum Leitfaden machte. Die Wasservorkommen spielten hierbei eine entscheidende Rolle[87].

Die Versailler Verhandlungen und ihre Auswirkungen

Grundsätzlich lassen sich bei der Analyse der Versailler Verhandlungen vier verschiedene Sichtweisen unterscheiden: Die zionistische, die arabische, die französische und die britische Position. Es ist dabei eindeutig nachgewiesen, dass für die Position der Zionisten Wasserressourcen der bestimmende Faktor war, wenngleich auch historische Elemente, wie die „Dan to Bershaba" Formel und Aspekte der militärischen Sicherheit in die territoriale Planung miteinflossen: Die Pläne der zionistischen Organisation waren zu einem großen Teil auf Immigrations- und Siedlungsprogramme ausgelegt, für deren agrarische Ausrichtung Wasser eine unabdingbare Grundlage darstellte[88]. Vor allem Chaim Weizmann, ursprünglich britischer Chemiker, und Aaron Aaronsohn, Agraringenieur, beide angesehene Führer der zionistischen Bewegung, beeinflussten mit ihren Überlegungen zu der Verbindung von ökonomischer Sicherheit und dem Bedarf an ausreichenden Wasserressourcen die Position der zionistischen Delegation in Versailles. Die Einbindung der Jordanquellen in ein zionistisches Gebiet erschien unabdingbar, der heute in Syrien liegende Berg Hermon wurde in einem Memorandum der zionistischen Delegation als „real Father of Waters"[89] bezeichnet. Somit wurde über die historisch determinierten Grenzen (Dan to Bershaba) hinaus versucht, territoriale Gewinne bei der Grenzziehung zu erzielen, deren Bedeutung für die zionistische Bewegung

---

[87] All diese Entwicklungen werden in der Literatur sehr detailliert nur von Aaron T. Wolf beschrieben, der sich in seinen Überlegungen häufig auf eine nicht verfügbare Schrift von Frederic Hof aus dem Jahr 1985 stützt (Galilee Divided: The israel-lebanon frontier since 1916, erschienen bei Boulder/Westview)
[88] vgl. Wolf, (Anm. 24), S. 20

ausschließlich auf hydrographischen Aspekten beruht[90]. Anders als die zionistische Position, waren die französischen Überlegungen zu einer Grenzziehung zwischen Palästina und den Gebieten des heutigen Syrien überwiegend von militärischen und verkehrsstrategischen Gesichtspunkten geprägt. Entgegen dem zionistischen Wunsch, sämtliche Jordanquellen Palästina zuzuschlagen, beanspruchten die Franzosen das Gebiet des Banias für sich, da hier eine entscheidende Straße nach Damaskus verlief[91]. Diese Straße sollte den französischen Truppen als schnelle Verbindung vom Mittelmeer nach Damaskus dienen, dessen Invasion zum Zeitpunkt der Verhandlungen ein wichtiges Projekt der französischen Truppen in der Region darstellte[92]. Die dritte, in der fraglichen Region entscheidende Position, wurde durch die britische Delegation vertreten. Das grundsätzliche Interesse Großbritanniens bei der Schaffung der territorialen Grenzen Palästinas war die Bildung einer ausreichend sicheren Pufferzone zum Schutze des Suez-Kanals und der übrigen britischen Einflusszonen im Nahen Osten und Nordafrika. Politisch war aber auch eine Sympathie für die Ideen des Zionismus eine nicht zu vernachlässigende Größe bei der Herausbildung der britischen Position. Doch während im Vorfeld der Versailler Friedenskonferenz noch die ausreichende ökonomische Basis für die Entwicklung Palästinas im Vordergrund standen, gewannen später ebenfalls verkehrsstrategische Überlegungen an Bedeutung. Ebenso wie die Franzosen lag den Briten an der Kontrolle der Verkehrswege im Bereich von Litani und Jordanquellen[93]. Die arabische Position schließlich lässt nahezu keine Rückschlüsse auf wasserpolitische Akzente bei den Verhandlungen zu. Dies mag vor allem daran liegen, dass das durch den Emir Feisal vertretene Gebiet, zu dem Syrien, Mesopotamien und weite Teile der arabischen Halbinsel gehörten außerordentlich groß war und zudem in weiten Teilen mehr als

---

[89] Vallianatos-Grapengeter, Ina M.: Der Nahostkonflikt im Prisma der Wasserproblematik. Wasserpolitik im Jordantal 1882-1967.(Hamburg) LIT, 1996, S. 29
[90] vgl. ebenda, S. 28f.
[91] vgl. ebenda, S. 30
[92] vgl. Wolf (Anm. 24), S. 26

ausreichend bewässert[94]. Auch lagen die Akzente arabischer Verhandlungsführung vordinglich auf zu bewahrender oder zu erreichender Eigenständigkeit. An diesem Punkt kommen z.B. Vallianatos-Grapengeter[95] oder auch Wolf[96] zu dem Ergebnis, dass Wasserpolitik für die Grenzziehung zwischen Palästina und dem heutigen Syrien kaum ausschlaggebend gewesen sein kann, da die eigentlich einflussreichen Mächte, Frankreich und Großbritannien verkehrsstrategische Aspekte in den Vordergrund stellten (wie gezeigt). Diese Überlegungen kann der Autor dieser Arbeit nur eingeschränkt teilen. Zwar ist es vollkommen richtig, dass die beiden großen Mandatsmächte, Frankreich und Großbritannien sich letztlich auf eine verkehrsstrategisch bedingte Variante der Grenzziehung Palästinas einigten, zu beachten ist aber doch die hauptsächlich auf die Wasserproblematik ausgerichtete zionistische Position. Es ist ein grundlegender Unterschied, ob - wie im Falle Großbritanniens oder Frankreichs - über Land verhandelt wird, dass keine direkte Bedeutung für die eigene Bevölkerung hat, oder - wie im Fall der zionistischen Position - der Grundstein für eine möglichst problemlose Entwicklung eines Volkes gelegt werden soll.

Vor diesem Hintergrund bestätigt die zionistische Position die Theorie des modifizierten hydraulischen Imperatives in dem Sinne, als dass die Wasserinteressen der zionistischen Delegation deren Verhandlungsposition maßgeblich bestimmte. Dass der Zionismus zu diesem Zeitpunkt nicht über eine ausreichende politische Durchsetzungskraft und Handlungsfähigkeit verfügte, kann nicht im Umkehrschluss bedeuten, dass der wasserpolitische Aspekt bei der Grenzziehung Palästinas nahezu ohne Bedeutung sei. Vielmehr wurden bereits in diesem vorstaatlichen Zustand Israels wichtige Weichen für die spätere Entwicklung des Wasserkonfliktes gelegt.

---

[93] vgl. Wolf, Aaron T.: "Hydrostrategic" Territory in the Jordan Basin: water, War, and Arab-Israeli Peace Negotiations, in Amery/ Wolf (Anm. 3), S.. 69ff.
[94] vgl. Ebenda, S. 70
[95] vgl. Vallianatos-Grapengeter, (Anm. 92), S. 29ff.

Erste Konflikte nach der Staatsgründung

Der nächste zu untersuchende Konfliktfall im Grenzgebiet Israels und Syriens liegt knapp dreißig Jahre später. Der sogenannte Unabhängigkeitskrieg der Jahre 1948/49 soll bei dieser Untersuchung unbeachtet bleiben. Zum einen beschränkte sich dieser Krieg weder in seiner Anfangsphase, noch in seinem Verlauf auf die israelisch-syrische Grenze, noch liefert die für diese Arbeit gesichtete Literatur auch nur einen kleinen Hinweis auf die Relevanz des Wasserproblems bei dem sogenannten Unabhängigkeitskrieg. Trotzdem besteht ein direkter Zusammenhang zwischen diesem und den hier zu untersuchenden begrenzten Auseinandersetzungen der frühen fünfziger Jahre des zwanzigsten Jahrhunderts. So hat Israel in Folge des Krieges seine Unabhängigkeit verteidigen und von nun an auch die wasserpolitischen Geschicke in eigene Hand nehmen können. Hier macht sich der im letzten Kapitel bereits diskutierte Aspekt der Sorge eines jungen Staates um seine Bevölkerung zunehmend bemerkbar. Im Unterschied zur britischen Mandatsmacht stellte die Wasserversorgung für die zionistische und jetzt staatliche israelische Position ein gewichtiges Anliegen dar. So wundert es nicht, dass bereits kurz nach dem Krieg die Ausarbeitungen verschiedener wasserpolitischer Pläne vorgelegt wurden[97]. Der bedeutende All-Israel-Plan sah dabei sowohl die Drainage des Huleh-Sumpfes als auch den Bau einer Wasserleitung zum Transport von Jordanwasser in die unfruchtbaren Gegenden Israels vor. Die Drainage des Gebiet um den Huleh-Sumpf bot Israel eine beträchtliche Zahl von Vorteilen: der Sumpf galt zu diesem Zeitpunkt als Malaria-verseucht, eine Ansiedlung von landwirtschaftlichen Betrieben somit als ausgeschlossen. Zudem waren die Wasservorräte des Huleh-Sumpfes ungenutzt. Eine Drainage bot Israel somit nicht nur die Chance der Malariabekämpfung sondern auch die Gewinnung von Wasser zur Ableitung in das geplante Wassertransportsystem[98]. Dazu kam die Gewinnung von mehreren Tausend Hektar

---

[96] vgl. Wolf, (Anm. 96), S. 109ff.
[97] vgl. Dombrowsky, (Anm. 41), S. 41
[98] vgl. Vallianatos-Grapengeter, (Anm. 92), S. 53

fruchtbaren Ackerlandes[99], dass zur Verwirklichung der israelischen Autarkiepläne benötigt wurde. Doch die Gegend um den Huleh-Sumpf lag in den sogenannten „Entmilitarisierten Zonen", welche nach dem Waffenstillstandsabkommen von 1949 von gemischten israelisch, syrischen und UN-Kommissionen verwaltet wurden. Die geplanten Arbeiten in den entmilitarisierten Zonen wurden von syrischen Vertretern als Annexion bezeichnet, während Israel darauf bestand, dass es nichts zu annektieren gibt; in der Tat waren die betreffenden Gebiete sowohl 1923 als auch in dem UN-Teilungsplan von 1947 Israel zugesprochen worden[100]. Nach syrischer Ansicht hingegen waren Tätigkeiten in der entmilitarisierten Zone verboten, die dazu geeignet waren „den späteren Status dieser Gebiete [...] präjudizieren"[101] zu können. Schließlich begann Israel aber im Frühjahr 1951 mit den Drainagearbeiten am Huleh-Sumpfgebiet. Dies führte nicht nur zu Protesten Syriens, sondern schließlich auch zu einer Reihe vereinzelter Scharmützel zwischen syrischen und israelischen Truppen, die sich bis zum Einschalten des UN-Sicherheitsrates hinzogen. „Our soldiers in the north are defending the Jordan water sources..."[102] war die Stellungnahme des damaligen israelischen Außenministers, Moshe Sharrett. Die israelischen Intentionen sind offensichtlich: Der erhoffte Vorteil bei der Land- und vor allem Wassergewinnung wog das Risiko einer Konfliktausweitung offenbar auf, zu bedeutend waren das Projekt der Wasserdrainage aus dem Huleh-Gebiet, wie nicht zuletzt die Äußerung des israelischen Außenministers verdeutlicht. Die syrischen Intentionen hingegen sind nicht eindeutig auf die Wasservorkommen des fraglichen Gebietes zu beschränken. Zum einen verloren durch die Erdbauarbeiten einige hundert arabische Bauern ihren Lebensunterhalt, zum anderen suchte das syrische Regime offenbar nach Möglichkeiten die Entwicklung Israels gezielt zu beeinflussen[103].

---

[99] vgl. Shuval, (Anm. 82), S. 189
[100] vgl. Hof (Anm. 13, aus 2000), S. 144
[101] Vallianatos-Grapengeter, (Anm. 92), S. 52
[102] Wolf, (Anm. 24), S. 45

Kaum zwei Jahre später spitzte sich zwischen Syrien und Israel erneut ein Konfikt zu, dessen Wurzeln ebenfalls in dem „All-Israel-Plan" lagen. Nachdem die Drainagearbeiten des Huleh-Sumpfes weit vorangeschritten waren, sollte die nächste Stufe des umfassenden Planes mit dem Bau einer Ableitung des Jordans nahe der Brücke „Benot Ya'akov gestartet werden, die diesem Projekt ihren Namen lieh. Obwohl dieses Projekt innenpolitisch nicht unumstritten war, setzten sich seine Befürworter durch, nachdem bekannt wurde, dass Jordanien plante ebenfalls Wasser eines Jordanzuflusses, des Yarmuk, abzuleiten und zur Bewässerung zu nutzen[104]. Ähnlich dem Huleh-Konflikt begann Syrien auch hier wieder mit einem umfassenden Protest gegen die geplanten Arbeiten innerhalb der entmilitarisierten Zone, diesmal kam jedoch auch auf syrischer Seite ein wasserstrategisch bedeutendes Argument hinzu, da eine syrische Großfarm, deren Devisengewinne für die syrische Regierung bedeutend waren, durch die Wasserableitungen in ihrer Existenz gefährdet worden wäre[105]. Zudem wurden die israelischen Bauarbeiten in der entmilitarisierten Zone durch eine Reihe schwerer Panzer und weiterer Waffensysteme der israelischen Armee geschützt, was von der syrischen Regierung als illegal gewertet wurde[106]. Während syrische Artillerie an der Grenzregion zusammengezogen wurde und begann, die Baustellen unter Feuer zu nehmen, schlugen israelische Truppen mit gezielten Überfällen zurück[107]. Während sich die Situation in dem Grenzgebiet weiter zuspitzte, reagierten schließlich die Vereinten Nationen und forderten Israel auf, die Baustelle aufzugeben. Dies geschah freilich erst einige Wochen später, nachdem die USA Israel Wirtschaftssanktionen auferlegt hatten. Israel beendete seine Bauarbeiten innerhalb der entmilitarisierten Zone und verlegte die Ableitung aus dem Jordan an den See Genezareth, dessen Ufer sich unumstritten auf israelischem Territorium befanden. Damit musste Israel zwar weitaus höhere Kosten und eine schlechtere

---

[103] vgl. Vallianatos-Grapengeter, (Anm. 92), S. 56
[104] vgl. Dombrowsky, (Anm. 41), S. 41
[105] vgl. Vallianatos-Grapengeter, (Anm. 92), S. 57
[106] vgl. Shuval, (Anm. 82), S. 189

Wasserqualität in Kauf nehmen, konnte aber die harten amerikanischen Sanktionen und eine direkte Konfrontation mit Syrien vermeiden[108]. Offensichtlich ist jedoch, dass sich Israel erst durch die US-Amerikanischen Sanktionen von seinem ursprünglichen Plan abbringen ließ, die Konfrontation mit Syrien hingegen wäre man vermutlich einzugehen bereit gewesen, was auf die herausragende Bedeutung des wasserpolitischen Projektes für die wirtschaftliche Entwicklung Israels hinweist. Auch Syrien schien nicht auf seine Rechte an dem Jordanwasser verzichten zu wollen, auch wenn dies eine militärische Konfrontation mit Israel bedeutete, dem man nur vier Jahre zuvor unterlegen war. Auch hier finden sich also wieder deutliche Anzeichen für die hohe Bedeutung von Wasserinteressen, deren Wahrnehmung auch gegen starke Widerstände versucht wird, wie es der hydraulische Imperativ postuliert.

Der Sechs-Tage-Krieg von 1967 im Licht israelisch-syrischer Auseinandersetzungen

Der Sechs-Tage-Krieg ist, bezogen auf die Thesen um die Wasserkriege, das am häufigsten gebrauchte Beispiel. Sowohl Befürworter des hydraulischen Imperativs, als auch deren Gegner sehen in den Ereignissen des Sommers 1967 Beweise für oder wider die mit dem verengten hydraulischen Imperativ verbundene Theorie. Unbestritten ist, dass das Ergebnis des Sechs-Tage-Krieges die wasserstrategische Situation Israels deutlich verbesserte, dies vor allem durch die Besetzung der Golanhöhen. Im wesentlichen kreist die eigentliche wissenschaftliche Auseinandersetzung um die von Naff und Matson aufgeworfene und diskutierte These, dass der Beginn des Krieges auf eine Kettenreaktion zurückzuführen ist, die mit der Auseinandersetzung um wasserwirtschaftliche Fragen begann[109]. Der zweite wichtige Streitpunkt sind die Beweggründe der Israelis für die Besetzung des Golan, ein Zusammenhang mit wasserstrategischen Überlegungen wird hier

---

[107] vgl. Wolf, (Anm. 24), S.. 45
[108] vgl. Shuval, (Anm. 82), S. 45

häufig bestritten, nicht zuletzt von auch zu dieser Zeit schon in der israelischen Regierung Verantwortlichen: „The Golan Heights was never historically considered a part of the State of Israel. Had we not been attacked from the Golan Heights we would never had gone up there" äußerte sich Shimon Peres 1967 im israelischen Fernsehen[110].

Will man den Ursachen des 1967er Krieges nachgehen und das israelisch-syrische Verhältnis dabei analysieren, so muss man zwangsläufig bereits einige Jahre zuvor beginnen. Der schon Anfang der 50er Jahre (s.o.) geplante Wassertransport von Jordanwasser in die Wüste Negev war zu Beginn der sechziger Jahre weit vorangeschritten und bereits 1959 gab Israel bekannt, wann es den „National Water Carrier" in Betrieb nehmen wollte. Bereits zu diesem frühen Zeitpunkt, 5 Jahre bevor der Wasserkanal in Betrieb gehen sollte, protestierten die arabischen Staaten und vor allem Syrien aufs schärfste[111]. Israel verband mit dem großangelegten Projekt, dass nicht nur aus einem einzigen Kanal, sondern auch aus einer Reihe von Pipelines, Tunnel, Pumpstationen und verzweigten Bewässerungsrinnen bestand, mehrere Ziele. Zum einen sollte die Bewässerung der Küstenebene entlang des Mittelmeeres stabilisiert werden, die Wüste Negev sollte mit Hilfe von Bewässerungssystemen zum Teil in fruchtbares Ackerland umgewandelt werden und die bereits bestehenden, teilweise unabhängig voneinander existierenden Wasserversorgungssysteme Israels sollten eine Koordination und einen gemeinsamen Zubringer erhalten[112]. Auch politisch und militärisch brachte die damit erheblich verbesserte Wasserversorgung des Staatsgebietes Israel enormen Nutzen. Der Strom von Immigranten, der noch immer in den jungen Staat floss, konnte so viel leichter und besser eingebunden werden, da nun ausreichend Wasser zur Versorgung der zahlreichen Agrarprojekte zur Verfügung stand. Mit der Zunahme der Bevölkerung und deren verbesserter und autarker Versorgung würde

---

[109] vgl. Naff / Matson (Anm. 16)
[110] Hof, (Anm. 13, aus 1997), S. 133
[111] vgl. Dombrowsky, (Anm. 41), S. 53
[112] vgl. Lowi, (Anm. 52), S. 118

auch das politische Gewicht Israels in der Region an Bedeutung gewinnen, so dass die Gefährdung des Staates Israel vermindert würde[113]. Dieses weiterführende Argument, war wohl auch für die arabischen Staaten von Bedeutung, ihr Ziel, den israelischen Staat ganz zu vernichten musste mit dessen wirtschaftlicher Erstarkung immer schwieriger zu erreichen sein[114]. Gleichwohl stützen die arabischen Staaten ihre Argumentation hauptsächlich auf wirtschaftliche und rechtliche Argumente, denen zu Folge der israelische Kanal eine Gefährdung der ökonomischen Sicherheit der arabischen Anrainer und zudem eine Verletzung von internationalem Recht darstellte[115]. Auf verschiedenen Gipfeltreffen der arabischen Liga, die sich mit der israelischen Wasserpolitik befassten, wurden verschiedene Maßnahmen zur Diskussion gestellt. Während Teile der syrischen Ba'th-Partei militärische Maßnahmen gegen den israelischen Staat favorisierten, andere Maßnahmen der Vereinten Nationen unter Führung Syriens einleiten wollten, sprach sich die Mehrzahl der arabischen Führer für eine Ableitung der Jordanquellen aus[116]. Die beiden Hauptteile des Planes sahen die Umleitung des Hasbani in den Litani vor, der Banias sollte in den Yarmuk umgeleitet werden um von dort durch den East-Ghor Kanal Wasser an Jordanien zu liefern. Die Folgen für das israelische Kanalprojekt wären fatal gewesen, da das zur Verfügung stehende Jordanwasser nicht nur um 35% (interessant hier: Die genaue Prozentzahl scheint in der wissenschaftlichen Forschung durchaus umstritten. Während David Eshel, israelischer Journalist mit 53% Wasserverlust die höchste Zahl nennt[117], kommt der deutsche Wissenschaftler Ratsch[118] nur auf 40%. Die hier genannten 35% finden sich in mehreren Arbeiten zu diesem Konflikt) reduziert worden wäre, sondern auch dessen Salzgehalt deutlich zugenommen hätte[119]. So warnte

---

[113] vgl. Rouyer (Anm. 55), S. 126
[114] vgl. ebenda
[115] vgl. Lowi, (Anm. 52), S. 118
[116] vgl. Vallianatos-Grapengeter, (Anm. 92), S. 86
[117] vgl. Eshel, David: Israel's Water Wars, in : Jane's Intelligence Review (Couldson). 13 (Juli 2001) 7, S. 39
[118] vgl. Ratsch, (Anm. 48)
[119] vgl. Dombrowsky, (Anm. 41), S. 53

schließlich der damalige israelische Außenminister Golda Meir vor der Umsetzung des Plans, in dem er feststellte, dass die Ableitung der Jordanquellen „a threat to peace" darstelle[120] ; tatsächlich hätte die Umsetzung der Pläne das Wasserpotential für den israelischen Kanal um die Hälfte verringert. Während bis in das Jahr 1964 jedoch zwischen den arabischen Positionen keine Einheit hergestellt werden konnte, versuchte Syrien seine Interessen durch eine Klage bei den Vereinten Nationen durchzusetzen. Hier wurden die Erhöhung der feindlichen Kampfkraft, Verletzung der Rechte der übrigen Jordananrainer und nicht zuletzt die Gefährdung syrischer Agrarprojekte durch eine Erhöhung des Salzgehaltes des See Genezareths, die eine unmittelbare Folge der israelischen Wasserentnahme darstellen würde[121], genannt. Da die syrische Intervention bei den Vereinten Nationen letztlich ohne Folgen für das israelische Wasserleitungsprojekt blieb, schritt die Entwicklung des israelischen Kanals voran und im Jahr 1963 konnte schließlich die baldige Fertigstellung bekannt gegeben werden. Da es zu diesem Zeitpunkt noch immer keine Einigung der arabischen Führer gab, berief Ägyptens Präsident Nasser schließlich erneut eine Konferenz der arabischen Liga nach Kairo ein, um dort vom 13. bis zum 17. Januar über die notwendigen Maßnahmen zu verhandeln. Wichtigstes Ergebnis dieses Gipfels war der Beschluss, die Jordanquellen abzuleiten und gemeinsame militärische Maßnahmen zum Schutz dieses Projektes zu errichten, Und obwohl dieser Beschluss alle arabischen Führer vereinte, verzögerte sich der Beginn der Bauarbeiten, bis Israel schließlich im Mai 1964 mit einem Test die Pumpstation am See Genezareth in Betrieb nahm[122]. Letztlich gaben die Syrer auf arabischer Seite den Anstoß, der zu einer weiteren Zuspitzung der Lage führen sollte. Die Beschlüsse des arabischen Gipfels hatten Israel dazu veranlasst, die als Grenzlinien zu Syrien dienenden Straßen schnell auszubauen um im Fall eines notwendig werdenden militärischen Eingreifens die

---

[120] Lowi, (Anm. 52), S. 119
[121] vgl. Vallianatos-Grapengeter, (Anm. 92), S.87f.
[122] vgl. Rouyer, (Anm. 55), S. 126ff.

46

Grenzregion schnell erreichen zu können[123], eine kriegerische Auseinandersetzung zum Schutz des Wasserpotentials behielt sich Israel also offensichtlich als Option offen. Auch auf syrischer Seite spielte die Ressource Wasser eine entscheidende Rolle: Nachdem durch die Befestigung der Grenzstraßen nach syrischer Auffassung arabisches Weideland von seinen Viehtränken abgeschnitten wurde, eröffneten syrische Grenzsoldaten das Feuer auf israelische Planierraupen. Damit war die Gewaltspirale in Gang gesetzt, ein israelischer Gegenschlag, ein Luftangriff auf syrische Einrichtungen, konnte nur als Warnung vor der Umsetzung des arabischen Ableitungsplans verstanden werden[124]. Diese Grenzscharmützel führten schließlich Anfang 1965 auf einem weiteren arabischen Gipfel zu dem Entschluss sofort mit den Bauarbeiten zu beginnen. So kam es im Verlauf des Jahres 1965 immer wieder zu Zwischenfällen an der israelisch-syrischen Grenze, die immer gleich abliefen: Nachdem israelische Straßenarbeiten von syrischen Grenzsoldaten unter Beschuss genommen worden waren, antworteten die Israelis nun gezielt mit Schlägen gegen die syrischen Bauarbeiten für das Ableitungsprojekt[125]. Dabei entwickelte die israelische Artillerie schnell neue Techniken, um die sich immer weiter ins Hinterland zurückziehenden syrischen Bauarbeiten noch bedrohen zu können. Während die normale Rechweite für punktgenaue Treffer damals bei ca. 1000 Metern lag, verfeinerte Israel seine Technik soweit, dass im Sommer 1965 eine syrische Baustelle aus 11 Kilometern Entfernung einen direkten Treffer erhielt[126]. Somit erreichte Israel sehr schnell sein Ziel, die syrischen Bauarbeiten zu be- und letztlich zu verhindern, tatsächlich bestand ab dem Sommer 1965 keine Gefahr mehr für Israel durch eine Ableitung der Jordanquellen eine erhebliche Menge verfügbaren Wassers einzubüßen. Mit dieser mit der militärischen Durchsetzung seiner Ziele verbundenen Taktik Israels und der Verhinderungstaktik (Verhinderung eines effizienten

---

[123] Vgl. Vallianatos-Grapengeter, (Anm. 92), S. 94f
[124] vgl. ebenda
[125] vgl. Lowi, (Anm. 52), S. 126
[126] vgl. Eshel, (Anm. 120), S. 39

Wasserversorgungskanals aus dem See Genezareth durch den Bau eines eigenen Ableitungskanals an höherer Stelle) seitens der arabischen und insbesondere der syrischen Seite wurde somit die Spannung soweit erhöht, dass eine Kettenreaktion bis zum Ausbruch des Sechs-Tage-Krieges in Gang gesetzt wurde[127]. Weitere, kleinere israelische Attacken 1966 und ständige Grenzscharmützel im April 1967 folgten, nachdem auf arabischer Seite mit dem Bau eines dem Ableitungsplan entsprechenden Dammes begonnen wurde. Ausgelöst wird der Sechs-Tage-Krieg schließlich nicht durch eine wasserstrategische Entscheidung, sondern durch die Ankündigung des ägyptischen Präsidenten Nassers, den Golf von Aquaba zu blockieren, woraufhin Israel in einem sechs Tage währenden Präventivschlag große syrische, jordanische und ägyptische Gebiete unter seine Kontrolle bringen konnte[128].

Ungeachtet der mit dem Sechs-Tage-Krieg einhergehenden territorialen Gewinne, die später zu besprechen sein werden, scheint der hydraulische Imperativ als Erklärungsmuster für die Handlungen der syrischen und der israelischen Seite durchaus zuzutreffen. Trotzdem kommt beispielsweise die Studie von Vallianatos-Grapengeter[129] zu dem Ergebnis, dass Wasser keine entscheidende Rolle im 1967er Krieg gespielt habe. Hier wird offensichtlich Anlass und Ursache verwechselt. Natürlich war eindeutig die Blockade des Golfes von Aquaba Anlass für den israelischen Präventivschlag. Sowohl Nassers Vorgehen als auch die israelische Reaktion sind aber m.E. ohne die wasserstrategische Vorgeschichte absolut undenkbar. Rouyer[130] macht ebenfalls deutlich, dass es bei der Bewertung der Ursachen des Sechs-Tage-Krieges sehr wohl auf den dieses Ereignis umschließenden Rahmen ankommt, der letztlich durch wasserstrategische Überlegungen zumindest auf israelischer Seite geprägt war. Dass die arabischen Ableitungspläne sich keineswegs allein auf wasserpolitische Überlegungen

---

[127] vgl. Wolf (Anm.24), S. 51
[128] vgl. Dombrowski, (Anm. 41), S. 54
[129] vgl. Vallianatos-Grapengeter (Anm. 92), S. 100f
[130] vgl. Rouyer (Anm. 55), S. 131

48

stützten, wurde weiter oben bereits deutlich gemacht, ebenso wie die Tatsache, dass Syrien sich letztlich auf verwehrten Zugang zu Wasser berief, als es israelische Straßenbauarbeiten zu verhindern suchte. Und eben auch diese Straßenbauarbeiten aus militärischen Zwecken, die zu einem sehr frühen Zeitpunkt begannen verdeutlichen, was der damalige Premierminister Israels ankündigte: „Israel would act to ensure that the waters continue to flow"[131]. Somit kann man feststellen, dass der hydraulische Imperativ sehr wohl als Erklärung für die Verursachung des Sechs-Tage-Krieges dienen kann, vor allem bei der Betrachtung der israelischen Seite. Für die syrische Position gilt dies offensichtlich nur eingeschränkt, der im Hintergrund stehende Wunsch nach Zerstörung des israelischen Staates (wie bereits gezeigt) hat hier sicherlich den Ausschlag für den Beginn der arabischen Ableitungsarbeiten geführt, zumal Syrien selbst kaum von einem derartigen Projekt profitiert hätte. Gleichwohl lässt sich hier m.E. von einem „umgekehrten hydraulischen Imperativ"[132] sprechen. So ist das Streben Syriens, Israel an einer Nutzung des Jordanwassers und an der Erschließung neuer Quellen zu hindern sicherlich ebenfalls mit dem Bewusstsein verbunden, Wasserpolitik als „High policy"[133] zu betrachten, die damit verbundene Erkenntnis, dass Wasserressourcen eine ausschlaggebende Variable für die Sicherheit eines Landes sein können ist letztlich die Grundannahme eines modifizierten hydraulischen Imperativs.

Die Bedeutung der Besetzung des Golans durch Israel
Auch der Verlauf und vor allem das Ergebnis des Sechs-Tage-Krieges können hinsichtlich des hydraulischen Imperatives untersucht werden. Es ist unbestritten, dass der Sechs-Tage-Krieg Israels hydrographische Situation deutlich

---

[131] ebenda, S. 128
[132] eigene Überlegungen
[133] vgl. Bahgaht, (Anm. 26)

verbesserte[134], die Eroberung und Besetzung der Golanhöhen machten Israel mit einem Schlag vom Unter- zum Oberanrainer. Alle wichtigen Jordanquellen und Zuflüsse, nämlich Banias, Teile des Hasbani und ein Yarmuk-Ufer kamen unter seine Kontrolle, das gefürchtete Ableitungsprojekt der Syrer war unmöglich geworden. Damit vergrößerten sich Israels Trinkwasserressourcen um 50%, und auch wenn der Banias nur einen geringen Teil des Wassers bereitstellte, so erreichte Israel durch die Besetzung des Golan doch den Status des Oberanrainers und somit eine weitaus bessere Kontrollmöglichkeit. Die Kontrolle eines Yarmuk-Ufers erlaubte Israel schließlich auch hier eine höhere Wasserentnahme und brachte es somit auf eine Höhe mit dem Anlieger des südlichen Ufers, Jordanien. Zudem brachte der Krieg des Jahres 1967 Israel eine Sicherung des Wassers im See Genezareth. Da die Grenze vor dem Krieg zwar den gesamten See umschloss, aber zum Teil nur wenige Meter entlang des Sees verlief, konnten syrische Einheiten immer wieder störend in israelische Tätigkeiten auf dem See eingreifen, bzw. mit der Drohung der Vergiftung des Wassers Israel unter Druck setzen; nach dem Krieg konnte der See Genezareth als gesichertes israelisches Territorium gelten[135]. Obwohl die Ergebnisse des Sechs-Tage-Krieges also offensichtlich die wasserstrategische Position Israels deutlich verbessert, lassen sich gewichtige Argumente gegen die These vorbringen, Israel hätte dies bereits bei der Landnahme berücksichtigt. Hier schließt sich der Kreis zu der schon weiter oben zitierten Klarstellung von Shimon Peres, dass man niemals vorgehabt hätte den Golan zu besetzen oder ihn gar zu annektieren, wenn nicht eben von dort die syrischen Attacken auf Israel ausgegangen wären[136]. In der Tat lässt sich feststellen, dass Israel bei der Durchführung seiner militärischen Operationen während des Sechs-Tage-Krieges erst damit begann die syrischen Stellungen auf dem Golan zu beschießen und schließlich die ganze Höhenregion einzunehmen,

---

[134] vgl. Lonergan /Brooks (Anm. 43), S. 125
[135] Libiszewski, Stephan: Das Wasser im Nahostfriedensprozeß. Konfliktstrukturen und bisherige Vertragswerke unter wasserpolitischer Perspektive, in: Orient (Opladen). 36 (Dezember 1995) 4, S. 630
[136] vgl. Hof (Anm. 13, aus 1997), S. 133

nachdem Syrien von Norden her begonnen hatte Israel anzugreifen. Syrien hatte sich damals auf die ägyptischen Versicherungen verlassen, Israel sei geschwächt und nahezu am Ende[137]. Zwar scheinen die von Elmusa vorgebrachten Argumente zur Stützung der These über die Landnahme im Golan auf den ersten Blick plausibel, bei der mit der Erklärung der wasserstrategischen Vorteile der Golanbesetzung Israel gleichzeitig ein geplantes Vorgehen unterstellt wird. Elmusas Vorstellung, dass „Israel's tanks did not need to roll more than a few kilometers to the east and to the north to bring the headwaters under its dominion“[138] allerdings scheint in Anbetracht des tatsächlichen Vorgehens der israelischen Armee nicht zuzutreffen: Die Landnahme selbst lässt sich nicht mit Wasserpolitik in Verbindung bringen. So stoppten die israelischen Truppen bei der Besetzung des Golans kurz vor einem wasserstrategisch bedeutenden Dorf, dessen Einnahme die Kontrolle eines vor allem in den Sommermonaten wichtigen Hasbani-Zuflusses ermöglicht hätte. Allerdings besaß eben dieses Dorf keinerlei militärstrategische oder taktische Bedeutung und beherbergte auch keine syrischen Kämpfer während des Sechs-Tage-Krieges[139]. Diese Tatsachen lassen in der Tat den Schluss zu, dass die Besetzung des Golans weder ausschließlich noch hauptsächlich durch hydrographische Überlegungen getragen war. Es muss aber festgestellt werden, dass diese Einschränkungen für den Bestand des modifizierten hydraulischen Imperativs letztlich keine Rolle spielen, denn Israel hat den Golan schließlich besetzt, dass dies aus kurzfristigen militärtaktischen Überlegungen geschah, ist unerheblich, letztlich handelte Israel damit nicht gegen seine wasserstrategischen Interessen, sondern im Gegenteil baute die eigene wasserstrategische Position aus.

---

[137] vgl. Shuval, (Anm. 82), S. 195

[138] Elmusa, Sharif S.: The land-water nexus in the Israeli-Palestinian conflict, in: Journal of Palestine Studies (Berkeley/Calif.). 25 (Spring 1996) 3/99, S. 72

[139] vgl. Wolf (Anm. 96), S. 90

Das israelische Festhalten an der Besetzung des Golan

Die Tatsache bleibt also bestehen, dass Israel durch den Sechs-Tage-Krieg wasserwirtschaftlich enorm bedeutendes Territorium erworben hat. Im folgenden soll gezeigt werden, dass dieses Bewusstsein, wenngleich es während des Krieges keine Rolle gespielt hat, in dem darauf folgenden Zeitraum der Besetzung, welche ja bis heute andauert, zunehmend an Bedeutung gewonnen hat, und das ebenfalls gewichtige Argument der militärstrategischen Bedeutung der Golanhöhen, von denen aus sowohl ein Beschuss israelischer als auch syrischer Großstädte möglich ist (auch Damaskus)[140] als militärische Option im Vergleich dazu an Bedeutung verliert. Seit dem Sechs-Tage-Krieg besteht eine Grundforderung Syriens; der Abzug Israels aus dem Golan ist eine Grundbedingung für einen Friedensvertrag. Dabei wurde von syrischer Seite bisher einzig der vollständige Abzug Israels gefordert, ein nur partieller Abzug kann für die syrische Seite nicht Bestandteil von Verhandlungen sein[141]. Für Israel hingegen ist eine Rückkehr zu dem vor dem Sechs-Tage-Krieg bestehenden Grenzverlauf keineswegs wünschenswert. Der militärstrategische Aspekt spielt dabei immer noch eine besondere Rolle. Dabei nimmt der Golan zwei unterschiedliche, bedeutende Rollen war. Zum einen dient er als ideale Frühwarnstation gegenüber dem syrischen Nachbarn. Zum anderen ist es von den Höhen des Golans aus tatsächlich möglich Damaskus, dass nur ca. 60 Kilometer entfernt ist mit Artillerie anzugreifen, was aus dem übrigen Staatsgebiet Israels nur mit strategischen Waffen möglich wäre[142]. Aber selbst israelische Hardliner, wie David Eshel[143], kommen nicht umhin eine wasserstrategische Komponente in den israelischen Überlegungen zu verdeutlichen:

„Das Wasser des Golan fließt seit einer Ewigkeit in das Jordantal, nur die Syrer wollten das ändern. Auch wenn ein Frieden zustande kommen sollte, müssen die

---

[140] so diskutiert in einem Gespräch mit Professor Dr. Meyns an der Universität Duisburg im November 2001

[141] vgl. Hof, (Anm. 13, aus 1997), S.133

[142] Eshel, David: Israel und die Golanhöhen, in: Europäische Sicherheit (Herford). 43 (Oktober 1994) 10, S. 522

[143] israelischer Journalist und „Militärexperte"

israelischen Verhandlungspartner immer mit einem Vertragsbruch rechnen. Sie müssen den Zugang zu dem lebenswichtigen Wasser gewährleisten, denn ohne Wasser ist Leben in dieser trockenen Gegend nicht möglich. "[144]

So verwundert es nicht, dass Studien in Auftrag gegeben wurden, die eine mögliche Grenze mit Syrien diskutieren, bei der zwar große Teile des Golan zurückgegeben werden, Israel aber die Kontrolle über die Wasserressourcen in weiten Teilen behalten könnte[145]. Auch der bei einem Attentat getötete vormalige Premierminister Israels, Yitzhak Rabin, der sicherlich eher für eine versöhnliche Nahostpolitik stand, äußerte sich in Bezug auf einen möglichen Frieden mit Syrien besorgt: "...the greatest danger Israel has to face in the negotiations with Syria is the possiblity of losing control over the Golan Heights' water ressources..."[146]. Auch Syrien könnte mit Rückgabe der Golanhöhen wasserpolitische Vorteile erzielen, vor allem ein Zugang zum See Genezareth würde syrischen Siedlern und Fischern in diesem Gebiet wohl Vorteile bei der Lebensführung gewähren. Wasser spielt also tatsächlich eine bedeutende Rolle auch im heutigen israelisch-syrischen Verhältnis, und vieles spricht für die Tatsache, dass die Wasserinteressen vor allem Israels Verhandlungsposition deutlich bestimmten. Entgegen dieser möglichen Auslegung im Sinne eines hydraulischen Imperativs sprechen auch einige Fakten gegen diese These. Stephan Libiszewski[147] macht sicher zu recht deutlich, dass das israelisch-syrische Verhältnis in der Hauptsache von Misstrauen gekennzeichnet ist. Sollte dieses Misstrauen zu einem späteren Zeitpunkt nicht mehr vorhanden sein, so könnte trotz der vorhanden wasserstrategischen Interessen Israels eine Rückgabe des Golans möglich werden. Diese These ist so geäußert zweifellos richtig, bleibt allerdings letztlich zu allgemein. Nahezu jeder Ressourcenkonflikt verliert an Bedeutung, wenn man Verträge aushandeln kann, an deren Einhaltung durch beide Seiten keine Zweifel bestehen. Diese Situation scheint aber im Nahen

---

[144] Eshel (Anm. 145), S. 522
[145] vgl. Shuval, (Anm. 82), S. 201
[146] Hof, (Anm. 13, aus 1997), S. 134
[147] vgl. Libiszewski, (Anm. 138), S. 630f.

Osten und vor allem im israelisch-syrischen Verhältnis auf Jahre nicht gegeben, noch dazu sind Wasserfragen letztlich auch an dem gegenseitigen Misstrauen beteiligt[148]. Ein gewichtigeres Argument ist sicher die Tatsache, dass mit den heutigen Möglichkeiten satellitengestützter Überwachung ein erneutes Ableiten des Golanwasser kaum unbemerkt bliebe und ein derartiges Projekt mehrjährige Bauarbeiten miteinschließen würde, die Israel Zeit zum Handeln ließen. Dazu ist ein derartiges Handeln unter Berücksichtigung des Verhältnisses der übrigen arabischen Nachbarstaaten zu Israel wenig wahrscheinlich[149].

Trotz dieser Einschränkungen scheint offensichtlich, dass Wasserpolitik eine bedeutende Rolle in den israelisch-syrischen Verhandlungen gespielt hat und sicher auch noch spielen wird.

5.2 Der israelisch-jordanische Konflikt

Der Wasserkonflikt zwischen Jordanien und Israel, der in diesem Kapitel zu beleuchten sein wird, unterscheidet sich in vielen Punkten von dem zuvor analysierten syrisch-israelischen Konflikt. Zum einen besteht seit 1994 zwischen den Staaten ein Friedensvertrag, der natürlich eine Grundlage schafft, zivile Methoden einer Konfliktbearbeitung zu etablieren. Weit gewichtiger aber ist die Tatsache, dass der israelisch-jordanische Konflikt um die Nutzung von Wasserressourcen nicht mit territorialen Fragen verknüpft war, so dass die Herausbildung eines „Land-Water-Nexus"[150] verhindert werden konnte. Gleichwohl liegen genug Streitpunkte vor, die es interessant machen, die Entwicklung des israelisch-jordanischen Konfliktes an Hand des hydraulischen Imperativs zu überprüfen. Die Tatsache, dass sowohl der Jordan als auch der Yarmuk die Grenzen beider Länder zueinander markieren und zudem beide Flüsse

---

[148] hier sind vor allem die weiter oben gemachten Ausführungen zu den politisch motivierten Ableitungsplänen Syriens von Bedeutung
[149] nach eigenen Überlegungen
[150] vgl. Elmusa, (Anm. 141)

54

die Hauptwasserlieferanten für Israel und Jordanien sind, birgt genug Potential für eine langjährige Auseinandersetzung. Gleich zu Beginn lässt sich feststellen, dass die Eckpunkte dieser Auseinandersetzung nicht –wie im syrisch-israelischen Konflikt- durch kriegerische Auseinandersetzungen markiert werden, sondern durch Etappen eines jahrzehntelangen Verhandlungsmarathons, der schließlich mit einer Einigung beider Länder und sogar mit einem Friedensvertrag endete. Dass der Abschluss eines Friedensvertrages mit der Einigung über die Nutzung und Entwicklung von Wasserressourcen zusammenfällt, gibt zumindest einen Hinweis auf einen möglichen Zusammenhang beider Fragen. Diesem Zusammenhang soll in diesem Kapitel unter besonderer Beachtung israelisch-jordanischer Verhandlungen nachgegangen werden. Die militärische Eskalation tritt dabei in den Hintergrund, zumal deren Verursachung bereits im vorangegangenen Kapitel eingehend diskutiert wurde. Trotzdem wird natürlich auch diese Entwicklung in die Überlegungen miteinbezogen, wo sie zum Verständnis des israelisch-jordanischen Verhältnisses notwendig ist.

Nationale und internationale Wasserpläne als bestimmende Faktoren des israelisch-jordanischen Verhältnisses

Nachdem sowohl die arabischen und vor allem die israelischen Pläne zur Bewässerung des Landes zu nicht unerheblichen Scharmützeln und kleineren militärischen Zusammenstößen geführt hatten[151], entschied sich die US-Administration unter Präsident Eisenhower zur Entsendung eines Vermittlers, der mit den beiden Parteien einen Kompromiss über die Nutzung des Jordanbeckens erarbeiten sollte, um in Zukunft militärische Eskalationen vermeiden zu können. Eric Johnston, Vorsitzender des „International Advisory Board of the Technical Cooperation Adminsitration"[152] begann seine Mission am 16. Oktober 1953. Der Wille der Amerikaner war es, angetrieben durch die erfolgreiche Umsetzung des

---

[151] vgl. vorangehendes Kapitel

Marshallplans in Deutschland, die Wasserressourcen regional und unter Kooperation der Jordananrainer zu entwickeln. Dabei musste Eric Johnston nicht bei Null beginnen, sondern wollte auf den bereits erarbeiteten Main-Plan, benannt nach dem amerikanischen Ingenieur Charles Main, aufbauen. Kernstück des Main-Plans war die Möglichkeit ohne die kosten- und energieintensive Umpumpung des Wassers auszukommen. Stattdessen sollten die natürlichen Flussläufe erhalten und entwickelt werden, so dass auch die Gewinnung von Elektrizität erreicht werden könnte. Zudem stellte bereits der Mainplan fest, dass es keine natürlichen Reservoirs am Flusslauf des Yarmuk gibt. Am Jordan hingegen dient der See Genezareth als ein solches natürliches Reservoir zur Stauung von Winterfluten des Jordan. Da der Yarmuk in seinem natürlichen Flusslauf südlich, also hinter dem See Genezareth in den Jordan mündet, folgerte Charles Main, dass eine Umleitung des Yarmuk in den See Genezareth sinnvoll sei, um so eine bereits vorhandene Stau- und Sammelmöglichkeit zu nutzen[153]. Anders als in der jordanischen Vorstellung sollte auf den Bau eines jordanischen Dammes am Yarmuk verzichtet werden, der Jordanien faktisch die alleinige Nutzung dieses Jordanzubringers ermöglicht hätte. Die Wasserzuteilung sollte an Hand des durch eine Planumsetzung bewässerbaren Landes erfolgen, grundsätzlich hielt der Main-Plan dabei an der Beschränkung auf eine Nutzung des Wassers im Jordanbecken fest, während Israels Pläne zuvor auf eine Nutzung außerhalb des Beckens, also zum Beispiel in der Negev-Wüste, abzielten. Damit widersprach der Main-Plan in wichtigen Punkten sowohl dem israelischen als auch dem jordanischen Ansatz zur Gewinnung und Erschließung von Wasserressourcen. Für Jordanien, eingebunden in die arabische Liga hatte der Bau eines Dammes zur Stauung von Trinkwasser einen hohen Stellenwert, hätte ein solcher Damm doch Jordanien die Möglichkeit gegeben die Wasserressourcen des Yarmuk zu kontrollieren. Der Gegenvorschlag des Main-Plans, das Wasser des Yarmuk im See Genezareth zu sammeln, der

---

[152] vgl. Reguer, Sara: Controversial waters. Exploitation of the Jordan River, 1950-80, in: Middle Eastern Studies (London). 29 (Januar 1993) 1, S. 55
[153] vgl. ebenda, S. 55ff.

56

vollständig auf israelischem Territorium lag musste daher auf jordanischer Seite Ablehnung erfahren. Auf israelischer Seite war natürlich die Begrenzung der Wassernutzung auf das Jordanbecken nicht akzeptabel, zumal die Planung der Transnationalen Wasserleitung zu diesem Zeitpunkt bereits vorangeschritten waren und Israel letztlich auf eine zukünftige Bewässerung entlegener Gebiete wie der Negev-Wüste angewiesen war, um weitere Einwanderungswellen absorbieren zu können. So musste Johnston hinnehmen, dass beide Seiten Gegenvorschläge entwickelten, die Ihre eigenen Interessen wiederspiegelten[154]. Wie zu erwarten, beinhaltete Jordaniens Gegenvorschlag einen Damm am Yarmuk, der Jordanien hier die Kontrolle ermöglichen würde. Gleichwohl ließ dieser jordanische Gegenvorschlag eine internationale Kontrolle der Verteilung der Wasserressourcen zu. Auch beharrte der arabische Vorschlag wie erwartet auf der Nutzung des Wassers im Jordanbecken selbst. Auch Israels Gegenvorschlag, der Cotton-Plan, beinhaltete kaum neue Aspekte. Der Verzicht auf Wassernutzung außerhalb des Jordanbeckens wurde zurückgewiesen und auch eine gemeinsame israelisch-jordanische Nutzung des See Genezareths wurde durch Israel ablehnend behandelt. Letztlich stimmte Israel lediglich in der Frage der Einräumung internationaler Kontrollmöglichkeiten mit dem arabischen Plan und dem den Verhandlungen zu Grunde liegendem Main-Plan überein[155]. Selbst wenn diese Gegenvorschläge zu dem Main-Plan auf den ersten Blick kaum von den unilateralen Entwicklungsplänen Jordaniens und Israels unterscheidbar sind, so hat sich mit eben diesen Vorschlägen doch eine entscheidende Wende vollzogen, die hier im Lichte eines hydraulischen Imperativs zu interpretieren sind. Zu Beginn der fünfziger Jahre des zwanzigsten Jahrhunderts konnte weder von Seiten Israels noch Jordaniens mit der Akzeptanz eines regionalen Wasserentwicklungsplanes, welcher Kooperation und ein Mindestmaß an Vertrauen voraussetzt, gerechnet werden. Allein der Beginn von Verhandlungen, die zwar nicht miteinander, aber über

---

[154] vgl. Drezon-Tepler, Marcia: Contested water and the prospects for Arab-Israeli peace, in: Middle Eastern Studies (London). 30 (April 1994) 2, S. 286ff
[155] vgl. Dombrowsky, (Anm. 41), S. 45

Botschafter Johnston geführt wurden, zeigt, dass sich beide Parteien sehr wohl der Tatsache bewusst waren, dass eine sichere und ökonomisch sinnvolle Entwicklung der Wasserressourcen im Jordanbecken letztlich nur durch eine Kooperation und durch einen regionalen Ansatz zu erreichen war. Die Tatsache, dass Jordanien Oberanrainer am Yarmuk, Israel aber Oberanrainer am Jordan ist, zwang beide Parteien dazu, dass die Verfügbarkeit des Wassers letztlich von dem jeweils anderen abhängt. Die Tatsache, dass die gesamte arabische Liga Israel nicht nur nicht anerkannte, sondern auf seine Vernichtung abzielte, hinderte nicht an der Teilnahme an den Verhandlungen. Wasser war ein zu bedeutender Faktor für die jordanische Politik geworden, als dass man aus politischen Gründen auf eine Lösung verzichten wollte[156]. Dies um so mehr, da Jordanien zu diesem Zeitpunkt bereits massiv mit dem palästinensischen Flüchtlingsproblem konfrontiert war, deren Ansiedlung und Versorgung gewaltige Mengen Wassers benötigte. Eine Theorie des hydraulischen Imperativs ist also insofern anwendbar, als dass die Erschließung der Wasserressourcen wichtig genug für beide Staaten war, um politische Differenzen, die einer Verhandlung eines regionalen Planes im Wege standen, in den Hintergrund treten zu lassen[157].

Auch wenn die Positionen der Israelis und der Araber zu Beginn der Verhandlungen also weit auseinander lagen, schaffte es Eric Johnston in drei weiteren Verhandlungsrunden, die Haltung der Parteien anzunähern. In vielen Fragen, die zu Beginn der Verhandlungen als unüberbrückbar galten, wurde eine Einigung erzielt. So sollte das Problem der Nutzung des Wassers innerhalb oder außerhalb des Jordanbeckens, das für Israel eine wichtige Rolle spielte, dadurch gelöst werden, dass die Wassermengen auf Grundlage der Nutzungsmöglichkeiten innerhalb des Jordanbeckens festgelegt werden, es den Staaten danach aber selbst überlassen ist, in welchen Gegenden sie das zugeteilte Wasser verwenden. Israel

---

[156] vgl. auch die Ausführungen hierzu in dem Kapitel über Jordaniens Wasserbilanz in dieser Arbeit
[157] vgl. Lowi, (Anm. 128), S. 79ff

stimmte schließlich der Nutzung des See Genezareths als internationales Reservoir für den Yarmuk zu, Jordanien sollte einen kleineren Damm am Yarmuk bauen dürfen, der Elektrizitätserzeugung und auch Wasserstauung ermöglichte, ohne den kompletten Flusslauf zu kontrollieren. Mit diesem Erfolg der Johnston Verhandlungen, der ohne die enorme Bedeutung der Entwicklung der Wasserressourcen für die Jordananrainer Israel und Jordanien nicht denkbar gewesen wäre, endeten die Verhandlungen schließlich im September 1955 mit dem grundsätzlichem Einverständnis aller Parteien[158].

Doch letztlich kam es dennoch zu einem Desaster zum Abschluss der Johnstonverhandlungen: Die arabische Seite nahm den Plan nicht an. Nach all den Jahren zäher Verhandlungen, in denen auch die jordanische Seite eine Reihe schwieriger Zugeständnisse hatte machen müssen, überrascht diese Entwicklung zum Ende der Verhandlungen, nachdem man sich zuvor grundsätzlich geeinigt hatte. Hatten bislang in den Verhandlungen die wasserpolitischen Interessen beider Seiten die politischen Animositäten und Zweifel beiseite geräumt, so kehrte sich dieses Verhältnis letztlich um. Die Entwicklung der Wasserressourcen unterlag in ihrer Bedeutung hinter anderen politischen Interessen vor allem der arabischen Liga. Die Ursachen hierfür sind vielfältig. Zuallererst fürchteten wohl vor allem Syrien und Ägypten, dass ein Kooperationsabkommen der arabischen Liga mit Israel eine Anerkennung des jungen jüdischen Staates nach sich ziehen könnte[159]. Dies war mit der Politik der arabischen Liga, die sich spätestens ab 1956 wieder auf Konfrontationskurs mit Israel befand, nicht in Übereinstimmung zu bringen. Ziel der arabischen Staaten war es nach wie vor, den israelischen Staat mittelfristig von der politischen Landkarte zu drängen. Ein Kooperationsabkommen hätte dieses Ziel verwässert. Zudem fürchteten beide arabischen Länder, dass ein solches Kooperationsabkommen innenpolitisch schwerwiegende Folgen für die Regierungen haben könnte. Für die Jordanier hingegen, welche die eigentlichen

---

[158] vgl. Drezon-Tepler, (Anm. 157) S. 286
[159] vgl. Reguer, (Anm. 155), S. 70

Nutznießer bzw. Partner für Israel in einem regionalen Wasserplan gewesen wären, war diese Entwicklung alles andere als erfreulich. Jordanien benötigte dringend finanzielle Mittel zur weiteren Erschließung von Wasserressourcen sowie für den Bau des East-Ghor-Kanals, der eine wichtige Bedingung zur Versorgung der palästinensischen Flüchtlinge darstellte. Mit der Ablehnung des Johnston-Plans konnte Jordanien nicht weiter darauf hoffen, amerikanische Mittel für die Entwicklung der Wasserressourcen gewinnen zu können. Doch letztlich war Jordanien militärisch und politisch zu stark in die arabische Liga eingebunden, um sich den Entscheidungen der militärischen Führungsmächte Syrien und Ägypten verschließen zu können[160]. So kann davon gesprochen werden, dass die Erklärungskraft des modifizierten hydraulischen Imperativs zumindest an eine Grenze gestoßen ist. Während die Reaktionen Syriens und Ägyptens noch mit der geringen Bedeutung der Wasserressourcen des Jordan und Yarmuk erklärt werden können, lässt sich im Fall Jordaniens feststellen, dass selbst eine starke Abhängigkeit von den bezeichneten Wasserressourcen nicht dazu ausreichte, politisch eine entsprechende Position einzunehmen. Gleichzeitig muss anerkannt werden, dass trotz eines formalen Scheiterns der Verhandlungen und des Aufbaus eines regionalen Wasserabkommens, die Ergebnisse der Johnston-Verhandlungen sowohl durch Jordanien als auch durch Israel in weiten Teilen über viele Jahre hinweg befolgt wurden, d.h. Wasserquoten und Nutzung des Wassers entsprachen auf beiden Seiten dem, was Eric Johnston in jahrelangen Verhandlungen zum Konsens beider Seiten gemacht hatte. Zum einen wurde der israelische Plan zum Bau einer transnationalen Wasserleitung vom Jordan bis in die Negev-Wüste dahingehend verändert, dass die Verabredungen des Johnston-Plans eingehalten werden konnten. Dies geschah, obwohl damit hohe zusätzliche Kosten für Israel einhergingen, wohl aber erst nachdem die USA Israel versichert hatten, dass auch Jordanien sich an die Zuteilungsquoten nach Johnston halten würde[161]. In der Tat

---

[160] vgl. Lowi, (Anm. 128), S. 107f
[161] vgl. Reguer, (Anm. 155), S. 72f

setzten auch die Jordanier ihr Hauptprojekt zur Entwicklung der Wasserressourcen, den Bau des East-Ghor-Kanals im Lichte des nicht formalisierten Johnston-Kompromisses fort. Der East-Ghor-Kanal sollte Wasser vom Yarmuk in Richtung Süden transportieren, östlich entlang des Flusslaufes des Jordan. Der East-Ghor Kanal hatte damit das Potential, deutlich mehr Wasser zu entnehmen, als in den Johnston-Verhandlungen vorgesehen, trotzdem duldete Israel dieses Projekt, nachdem ihm wiederum durch amerikanische Vermittlungstätigkeit versichert wurde, dass Jordanien die Zuteilungsquoten beachten würde. Ähnliches wiederholte sich zu Beginn der sechziger Jahre, als Jordanien erneut das Projekt eines Staudammes aufgriff. Auch dieser Damm sollte in seinen Ausmaßen die Vorgaben des Johnston-Plans nicht überschreiten und so stimmte Israel wiederum zu[162]. Während im bilateralen Verhältnis zwischen Israel und Jordanien eine technisch-pragmatische Grundeinstellung überwog, die es beiden Staaten ungestört ermöglichte, ihren Bedarf an Wasser zu decken, führten die Entwicklungen innerhalb der arabischen Liga, welche die politische und ökonomische Stabilisierung Israels als Gefahr ansahen, letztlich zu den syrischen Umleitungsplänen[163]. Trotzdem verhandelten Israel und Jordanien indirekt durch amerikanische Vermittlung erneut über eine mögliche gegenseitige Kontrolle der Wasserentwicklungspläne, so dass eine Entspannung zwischen beiden Ländern im Bereich des möglichen lag. Trotzdem ließ sich Jordanien weiterhin in die Aktivitäten der arabischen Liga einbeziehen und musste schließlich durch die Ereignisse des Sommers 1967 den Verlust der West Bank und letztlich die Schaffung neuer wasserpolitischer Realitäten hinnehmen[164].

Die siebziger Jahre brachten erneut Veränderungen in das Verhältnis von Jordanien und Israel, die Jordanien letztlich dazu bewegten, die Prioritäten zu Gunsten der Wasserversorgung auszurichten. Der Anlass für diese Verschiebung lag letztlich weder bei Israel noch bei Jordanien, sondern bei den Palästinensern, die seit Mitte

---

¹⁶² vgl. ebenda, s. 73
¹⁶³ vgl. vorangehendes Kapitel über den israelisch-syrischen Konflikt
¹⁶⁴ vgl. ebenda

der sechziger Jahre in der PLO organisiert waren. Ende der sechziger Jahre nahmen palästinensische Angriffe auf jüdische Siedler im Jordantal immer weiter zu, dabei operierten die palästinensischen Gruppen hauptsächlich von jordanischem Territorium aus, letztlich gedeckt durch die jordanische Regierung, die der PLO freie Hand ließ. Israel, das diese Übergriffe nicht weiter hinnehmen wollte, gegen die palästinensischen Gruppen aber nur schwer vorgehen konnte, solange diese jordanisches Gebiet als Rückzugsmöglichkeit nutzten, beschloss, Jordanien direkt anzugreifen und somit auf eine Änderung der jordanischen Haltung gegenüber der PLO hinzuwirken. Die Auswahl der Ziele zeigt erneut, welche Bedeutung die Wasserprojekte für Jordanien gehabt haben müssen. Der East-Ghor-Kanal wird in zwei Luftangriffen bombardiert und schwer beschädigt. Die jordanische Regierung sieht sich dadurch gezwungen ihre Palästinenserpolitik grundlegend zu ändern: Der sogenannte „schwarze September" ist der Wendepunkt in Jordaniens Politik; die jordanische Armee vertreibt die PLO aus Jordanien, 5000 Palästinenser finden hierbei den Tod[165]. Diese Entschlossenheit Jordaniens gegenüber der palästinensischen Befreiungsorganisation zeigt deutlich und erschreckend zugleich, welchen Wert der East-Ghor-Kanal und damit das gesamte jordanische Bewässerungssystem für die jordanische Regierung hatte. Auch hier lässt sich also mit dem hydraulischen Imperativ argumentieren: Jordanien, dessen Volkswirtschaft zwar auch unter der Zahl palästinensischer Flüchtlinge litt, grundsätzlich aber die gleiche politische Meinung wie die PLO vertrat und Israel keineswegs anerkannte, stellte diese politische Verbundenheit zurück und opferte Tausende Menschenleben seinen wasserstrategischen Interessen[166].

Im Anschluss an die Vertreibung der PLO entspannte sich das Verhältnis Jordaniens zu Israel merklich. Es kam sogar zu israelisch-jordanischen Geheimverhandlungen, welche eine Reparatur des East-Ghor-Kanals und ein

---

[165] vgl. Dombrowski, (Anm. 41), S. 55
[166] vgl. Reguer (Anm. 155), S. 76

62

Festhalten beider Seiten an den im Johnston-Kompromiss enthaltenen Vereinbarungen[167] beinhalteten.

Zum Ende der siebziger Jahre verhandeln Jordanien und Israel erneut über ein jordanisches Wasserprojekt, den Bau eines großen Staudammes am Yarmuk, dem sogenannten Maqarin-Damm. Grundsätzlich würde ein solcher Damm beiden Seiten Nutzen bringen, denn so könnte ein über das Jahr verteilter gleichmäßiger Fluss des Yarmuk erzielt werden. Flüsse im Nahen Osten sind besonders von den klimatischen Bedingungen beeinflusst. Viele Quellen und Zuflüsse sind nur im Winter und im Frühjahr Wasserlieferanten für den Yarmuk, im Sommer hingegen versiegen sie und der Pegelstand des gesamten Flusses nimmt merklich ab. Deshalb ist es grundsätzlich sinnvoll einen Damm zu errichten, der nicht nur die Winterfluten dort speichert[168], wo sie auftreten, sondern auch hilft, das gewonnene Wasser gleichmäßig und bedarfsorientiert zu verteilen, denn der Bedarf an zusätzlichem Wasser z.B. für die Landwirtschaft ist in den Monaten mit niedrigen Pegelständen am höchsten. Dass Israel überhaupt seine Zustimmung zu dem jordanischen Projekt geben sollte, lag nicht nur an Israels starker militärischer Stellung und seiner früheren Ablehnung eines Dammes, der es Jordanien ermöglichen würde, das Yarmuk-Wasser zu kontrollieren, sondern auch an der Tatsache, dass der Damm an einer Stelle geplant war, an der Jordanien Anlieger des einen Ufers, Israel aber Anlieger des gegenüberliegenden Ufers war [169]. Während die israelische Regierung unter Führung der Arbeiterpartei zunächst der Diskussion dieses von der US-Amerikanischen Regierung unterstützten Plans zustimmte, entschloss sich der nach den Wahlen 1977 an die Macht gekommene Likud-Block, der als rechtsorientiert gilt und somit zu den „Hardlinern" unter den israelischen Parteien zählt, dem Bau des Dammes nicht zuzustimmen und das Thema auch nicht weiter zu verfolgen[170]. Dieser Wechsel in der israelischen Politik

---

[167] vgl. ebenda, S. 76f
[168] vgl. Lonergan / Brooks (Anm. 43), S. 127
[169] vgl. Wolf, (Anm. 24), S. 55
[170] vgl. ebenda

und die damit einhergehende, unterschiedliche Bewertung des Maqarin-Damm-Projektes macht es möglich, die Relevanz des „hydraulischen Imperativs" in dieser Frage unter einem neuen Licht zu betrachten. Offensichtlich ist, dass sich die wasserpolitischen Zwänge Israels kaum innerhalb der kurzen Zeit des Regierungswechsels von Labour zu Likud derart massiv gewandelt haben können, dass der Maqarin-Damm auf Grund neuer wasserstrategischer Erkenntnisse eine unterschiedliche Behandlung erfuhr. Vielmehr ist anzunehmen, dass die unterschiedliche Grundhaltung beider Parteien gegenüber einer Kooperation mit Jordanien dafür ausschlaggebend war, dass der Maqarin-Damm letztlich abgelehnt wurde. Der Likud-Block hatte eine politische Motivation den Dialog mit Jordanien zu beenden, sicherlich keine hydraulisch-strategische. Hier zeigt sich besonders deutlich, dass trotz einer vielleicht möglichen Objektivierbarkeit hydrographischer Daten, Wasserbedarf und –nutzen, die abschließende Bewertung in Relation zu anderen politischen Zielen durchaus unterschiedlich ausfallen konnte.

Der jordanisch-israelische Friedensvertrag im Lichte hydrographischer Zielsetzungen

Sollen der oder die Ursachen und Auslöser für den Nahostfriedensprozess genannt werden, so ist es sicherlich nicht nur auf den ersten Blick absurd, die wasserpolitischen Interessen Jordaniens oder Israels an erster Stelle aufzuführen. Über die Veränderungen, die der Zerfall des Sowjetreiches mit sich brachte und deren häufig globaler Wirkung muss vermutlich nicht mehr ausführlich referiert werden, zu evident ist die Tatsache, dass das Ende der bipolaren Struktur des internationalen Systems Auswirkungen großer Tragweite hatte, nicht nur in Deutschland, sondern auch im Nahen Osten, zudem sind bereits genug Seiten zu diesem Thema gefüllt worden. Eine Folge des Zusammenbruchs der Sowjetunion war sicherlich auch, dass der zweite Golf Krieg überhaupt möglich wurde. Beide Ereignisse, die von weltpolitischer Bedeutung waren, zogen eine Veränderung der Allianzen, Strukturen und Bündnisse im Nahen Osten nach sich. Staaten wie Israel, Saudi-Arabien und Jordanien fanden sich vereint auf der Seite der internationalen

64

Koalition gegen den Irak[171]. Was die Friedensgespräche ermöglichte und was sie auslöste ist nach Ansicht von Wolf[172] allerdings durchaus zweierlei. Zu Beginn der neunziger Jahre befand sich die gesamte Region in einer schon lang anhaltenden Dürreperiode, Israel und Jordanien erreichten die Grenzen der Ausschöpfung ihrer Wasserressourcen[173] und besonders Jordanien hatte ein Interesse an der Fortentwicklung der Wasserressourcen und einem regionalen Wasserplan, um seiner Wirtschaft den drückenden Wassermangel ersparen zu können. „Jordan is being pushed to the peace talks because of water"[174] dient daher durchaus als Erklärung für die nahezu bedingungslose Teilnahme Jordaniens an den Friedensgesprächen.

Interessant ist hier, dass sich nur sehr wenige Darstellungen in der Literatur finden lassen, die sich dem Wasserkapitel und den vorangegangenen Verhandlungen hierzu zwischen Jordanien und Israel ausführlich widmen. Eine Abhandlung in ein bis zwei Seiten ist durchaus üblich, hauptsächlich werden hierbei die Ergebnisse dargestellt, selten interpretiert. Interessant ist hier das Buch von Ines Dombrowsky, dessen Inhalt während der laufenden Verhandlungen fertiggestellt wurde, das Ergebnis selbst aber noch nicht bearbeitet. Die Schilderung des Verhandlungsauftaktes erfolgt zwar auch hier nur in Kürze, ist aber in der für diese Arbeit gesichteten Literatur einzigartig[175]. Die Agenda für die israelisch-jordanischen Friedensverhandlungen enthielt demnach die folgenden wichtigen Punkte: *Sicherstellung der rechtmäßigen Wasseranteile beider Seiten*, sowie die *Erschließung neuer Wasserressourcen*. Wenn davon ausgegangen werden kann, dass Jordanien sich von den Friedensgesprächen tatsächlich eine deutliche Verbesserung seiner Wasser-Situation versprach, so ist es nicht verwunderlich, dass Jordanien einige gewichtige Forderungen in die Verhandlungen einbrachte. So

---

[171] in wie weit dies auf die jordanische (und vermutlich die saudische) Bevölkerung zutrifft scheint zumindest zweifelhaft, wie dem Autor bei einem Besuch Jordaniens bewusst wurde. Letztlich ist hier aber die offizielle Haltung der Regierung ausschlaggebend.

[172] Vgl. Wolf, (Anm. 24), S. 68

[173] vgl. Hoffmann, (Anm. 4), S. 58

[174] ebenda

sollten die Flutwasser des Yarmuk Jordanien zu Gute kommen, und dies durch den Bau eines Kanals vom See Genezareth zum East-Ghor Kanal erreicht werden, da der See Genezareth ja weiterhin als einziges Reservoir für das Yarmuk-Wasser diente. Gleichwohl wird von Israel verlangt, sein Veto gegenüber einem Yarmuk-Staudamm nicht länger aufrecht zu erhalten, um eben diesem Zustand des fehlenden Reservoirs nicht länger ausgesetzt zu sein. Auch die Rechtmäßigkeit der Wasserentnahmen Israels aus dem See Genezareth wurden von Jordanien angezweifelt und sollten nach seiner Auffassung neu festgeschrieben werden.

Israel selbst erkannte im Vorfeld der Verhandlungen keinerlei Verpflichtungen gegenüber Jordanien an und betrachtete seine Wasserentnahmen keineswegs als illegal. Trotzdem waren die Friedensverhandlungen mit Jordanien für Israel von enormer Bedeutung, allgemein wurde mit einem Entgegenkommen Israels und der Wahl einer „intelligenten" Lösung gerechnet. Für Israel kann nicht allein die Menge des verfügbaren Wassers, sondern offensichtlich eine rechtlich abgesicherte Nutzung der gemeinsamen Wasserressourcen als Ziel israelischer Politik gesehen werden. Dennoch nimmt die Wasserproblematik wohl gegenüber dem politischen Vorteil eines weiteren Friedensschlusses mit einem arabischen Staat nur eine untergeordnete Rolle ein[176].

Eine Analyse der vertraglichen Vorschriften

Am 26. Oktober 1994 wird nach teilweise zähen Verhandlungen der israelisch-jordanische Friedensvertrag unterzeichnet. Der Wasserkomplex nahm nicht nur in den Verhandlungen eine gewichtige Rolle ein, sondern findet auch im endgültigen Friedensvertrag eine hervorgehobene Bedeutung. Der Artikel 6 des Vertrages, überschrieben mit „Wasser" widmet sich ausschließlich diesem Problemfeld. Komplettiert wird dieser Artikel durch den sogenannten Appendix II zum jordanisch-israelischen Friedensvertrag, der die Thematik vertieft und detaillierte

---

[175] vgl. Dombrowsky, (Anm. 41), S. 62ff
[176] vgl. Elmusa, (Anm. 141), S. 69ff

Anweisungen zur Umsetzung des Artikels 6, zu Wasserentnahmequoten und Kooperationen enthält. Artikel 6 stellt zuerst fest, dass man sich auf eine rechtmäßige Wasserverteilung des Jordan, Yarmuk und der Grundwasservorkommen von Wadi Araba geeinigt hat. Damit werden die grundlegenden Spannungsfelder israelischer und jordanischer Wasserpolitik noch einmal genannt. Appendix II erklärt dabei ausführlich, wie diese Wasserressourcen, auf die beide Staaten in unterschiedlichem Ausmaße zugreifen konnten und auch zugegriffen haben, ohne formell die Rechte des jeweils anderen Anrainers anzuerkennen, verteilt werden sollen. Am Yarmuk wird die Oberanrainerposition grundsätzlich bestätigt, was dadurch zum Ausdruck kommt, dass hier Israel eine bestimmte Quote zugeteilt wird, der ganze „Rest" aber an Jordanien geht. Jordanien erreicht damit eine Bestätigung seiner langjährigen Grundhaltung, dass der Yarmuk im israelisch-jordanischen Verhältnis ein „jordanischer Fluss" ist. Ein weiteres wichtiges Element bezüglich des Yarmuk war über Jahrzehnte[177] der Bau eines großen Reservoirs am Yarmuk zur Stauung dessen Winterfluten. Wenngleich Einzelheiten im Vertrag ungeklärt bleiben, ist die Absicht beider Staaten festgehalten, „to build a [...]storage dam on the Yarmouk River"[178], wobei bei dem Bau dieses Dammes kooperiert werden soll. Auch hier kann Jordanien also letztlich einen Gewinn verbuchen, indem es den lange gehegten Wunsch endlich umsetzen kann. Am Jordan kehrt sich das Verhältnis zwischen Ober- und Unteranrainer-Position zwischen Jordanien und Israel um: Jordanien erhält eine festgelegte Wasserquote, während Israel implizit der gesamte Rest des nicht für Jordanien vorgesehenen Wassers zugesprochen wird. Damit wird die bis zum Friedensvertrag bereits grundsätzliche Vorherrschaft Israels am Jordan verfestigt; aber auch Jordanien kann sich als Gewinner fühlen, da es nun gegenüber der alten Situation über zusätzliches Wasser aus dem Jordan verfügen kann. Der israelische Wasseranteil, der vor dem Friedensvertrag nahezu das gesamte

---

[177] Wie in diesem Kapitel bereits ausführlich geschildert
[178] Der Text des Friedensvertrages wurde für die vorliegende Analyse dem Buch von Amery / Wolf (Anm. 3), S. 262 – 267 entnommen, hier: Appendix II Artikel II, S. 265

Jordanwasser ausmachte, wird nur geringfügig geschmälert und letztlich durch den Vorteil der eindeutigen Rechtslage ausgeglichen[179].

Artikel 6 des israelisch-jordanischen Friedensvertrages kommt weiter zu dem Schluss, dass beide Staaten letztlich der Wasserversorgung des anderen Schaden zufügen könnten und so einigt man sich darauf, bei der zukünftigen Entwicklung, Planung und dem Management von Wasserressourcen die Rechte und Ressourcen des Vertragspartners nicht zu schädigen[180]. Und auch der dritte, wichtige Punkt des Artikel 6 des Friedensvertrages beinhaltet die Zusammenarbeit beider Völker als wichtigen Bestandteil der Wasserpolitik; so sollen angesichts der Tatsache, dass die vorhandenen Ressourcen beider Länder letztlich zu knapp sind um den Bedarf der wachsenden Bevölkerung zu decken, neue Wasserquellen erschlossen werden. Und auch die internationale, gemeinsame Kontrolle eines Wasserabkommens konnte, ca. 40 Jahre nach den Johnston Verhandlungen, umgesetzt werden: Über die Einhaltung des Abkommens wacht eine paritätisch von Jordaniern und Israelis besetztes Gremium, das sogenannte Joint Water Commitee[181].

Eine Bewertung dieses Teils des israelisch-jordanischen Friedensvertrages muss unter mehreren Aspekten erfolgen. Zum einen ist erwähnenswert, dass keine Seite der anderen etwas geschenkt hat. Dies wäre vor allem von Israel zu erwarten gewesen, wenn es ihm letztlich nur um die Unterzeichnung eines Friedensvertrages mit einem weiteren arabischen Staat gegangen wäre[182]. Stattdessen wird in dem Artikel 6 und dem zugehörigen Appendix darauf geachtet, dass das Prinzip der Gegenseitigkeit stets geachtet ist[183], d.h. überspitzt formuliert erhält Israel für jeden Tropfen Wasser, den es Jordanien zugesteht einen Ausgleich und umgekehrt. Die Wichtigkeit eines jede Tropfen Wassers wird auch dadurch deutlich, dass es keinerlei Geldkompensationsgeschäfte im Friedensvertrag gibt. Wasser wird nur gegen Wasser getauscht. Dieser Punkt erscheint deshalb wert hervorgehoben zu

---

¹⁷⁹ vgl. Libiszewski, (Anm. 138), S. 632
¹⁸⁰ vgl. Punkt 2 Artikel 6 des Friedensvertrages, (Anm. 181), S. 262
¹⁸¹ vgl. Annex des Friedensvertrages, Artikel VII, (Anm. 181), S. 267
¹⁸² vgl. Elmusa, (Anm. 141), S. 64f

werden, da ein monetärer Ausgleich bei Ressourcen sonst nicht unüblich ist, nahezu alle Rohstoffe wie Öl, Eisen etc. werden gegen einen Geldwert eingetauscht, dass dies im Fall der Wasserressourcen anders ist und keiner der beiden Staaten auf bereits genutzte Wasserquellen verzichten will, ist ein sicheres Zeichen für die Unersetzbarkeit von Wasser für die beiden Staaten[184]. Trotzdem ist festzustellen, dass sich Jordanien entgegen seiner früheren Position doch mit relativ geringen Zugeständnissen Israels zufrieden gegeben hat. Zwar verbessert der Friedensvertrag Jordaniens Position relativ zum vorher gegebenen Status Quo, da sich seine Wasserressourcen „kurzfristig um ca. 7% und langfristig um schätzungsweise 15-20%"[185] erhöhen, aber im Vergleich zu Jordaniens Maximalforderung, der kompletten Verbrauchshoheit über das Yarmuk-Wasser und der Zuteilung einer großen Portion des Jordans, ist dieser Erfolg gering. Und doch lässt sich dieses Ergebnis der Verhandlungen in die Theorie eines modifizierten hydraulischen Imperativs einbinden, denn Jordanien machte diese Zugeständnisse auch in der Hoffnung auf eine tatsächliche Fort- und Neuentwicklung von Wasserressourcen, die auch durch eine Kooperation mit Israel erreicht werden sollte[186]. Daher muss das jordanische Zurücktreten von den eigentlichen Forderungen auch in diesem Licht gesehen werden; die Aussicht auf einen zukünftigen Gewinn gab hier den Ausschlag.

Ein weiterer politischer Aspekt betont die Bedeutung eines Abkommens über die Wassernutzung für Jordanien. Während das kleine Königreich seine Wasserinteressen vor allem in den fünfziger und sechziger Jahren weit hinter die mit den anderen arabischen Staaten geteilten politischen Interessen zurückstellte (wie dies bereits zu einem früheren Zeitpunkt in diesem Kapitel geschildert wurde), handelte Jordanien mit der Unterzeichnung des Friedensvertrages sogar gegen die Interessen anderer arabischer Staaten. So sind vor allem die syrischen

---

[183] vgl. Kliot (Anm. 70), S.199
[184] diese Überlegung findet sich so nicht in der Literatur
[185] Libiszewski, (Anm. 138), S. 639
[186] vgl. Artikel 6 und Appendix II des Friedensvertrages (Anm. 181), S. 262ff.

Interessen an den Jordanquellen bzw. am Yarmuk im israelisch-jordanischen Friedensvertrag gar nicht genannt[187] und auch die Wasserverteilung berücksichtigt diesen Staat nicht. Anders als bei den Johnston-Verhandlungen fühlte sich Jordanien offensichtlich nicht „arabischen" Zielen im Nahen Osten verpflichtet, sondern hauptsächlich seinen eigenen wasserstrategischen Interessen. Sicher ist, dass diese Interessen in den neunziger Jahren durch die anhaltende Dürre und den hohen Wassermangel auch für Privathaushalte[188] stärker betont wurden.

Die Wirkung des Friedensvertrages

Heute, nachdem mehr als sieben Jahre seit der Unterzeichnung des Abkommens vergangen sind, zeigt sich, dass die jordanischen Hoffnungen auf zukünftige Wasserprojekte nicht oder noch nicht erfüllt werden konnten. Und so verwundert es auch nicht, wenn man feststellen kann, dass der eigentlich beruhigte Konflikt um die Wasserressourcen im Jordanbecken zwischen Israel und Jordanien unter der Decke des Friedensvertrages wieder zu brodeln beginnt. Zumindest Jordanien ist mit der Umsetzung und den Folgen des Vertrages nicht in allen Teilen zufrieden, und dies lässt sich nicht nur auf das schleppende Vorankommen der Entwicklung neuer Ressourcen zurückführen, sondern auch auf die Tatsache, dass Israel seinen Lieferverpflichtungen nicht immer nachgekommen ist bzw. auf Grund anhaltender Dürre nicht nachkommen konnte[189]. Hier lassen sich bereits wieder erste Anzeichen für die Bedeutung des Wassers auch für die israelische Seite erkennen, wenn diese den Bruch eines für die israelische Seite so entscheidenden Vertrages rechtfertigt. Die Zukunft wird hier zeigen, ob die ausweglose Situation, dass der Wasserverbrauch das Wasserangebot in beiden Staaten übersteigt, zu neuen Wegen der Kooperation führt oder den Konflikt weiter verschärft. Sicher scheint, dass die Bedeutung der Wasserressourcen das Eintreten einer der beiden Optionen

---

[187] vgl. Kliot (Anm. 70), S. 199
[188] vgl. Elmusa, (Anm. 141), S. 64
[189] vgl. Barandat, (Anm. 15), S. 91

70

unausweichlich macht. Unübersehbares Fazit muss sein, dass die Wasserinteressen auf beiden Seiten die Verhandlungen und den Vertrag selbst in weiten Teilen beeinflusst hat und auch die Auslegung des Vertrages weiterhin mit beeinflusst. Somit erreichen die wasserpolitischen Interessen wiederum einen vom modifizierten hydraulischen Imperativ postulierten Stellenwert.

5.3 Der israelisch-palästinensische Konflikt

Grundlagen des israelisch-palästinensischen Wasserkonfliktes

Der in diesem Kapitel zu erörternde israelisch-palästinensische Konflikt unterscheidet sich von den beiden vorangehend dargestellten Fallstudien. Diese Unterscheidung beruht auf der mangelnden Staatlichkeit der Palästinensergebiete. Somit kann das Verhältnis Israels zu den Palästinensern richtigerweise nicht als zwischenstaatlicher Konflikt dargestellt werden, da es ja noch keinen palästinensischen Staat als solchen gibt. Trotzdem soll die Palästinenserfrage nicht etwa als innerisraelisches Problem dargestellt werden, weil die palästinensische Bevölkerung auf von Israel kontrolliertem Gebiet lebt, vielmehr wird so verfahren, als seien „die Palästinenser" ein Subjekt der internationalen Beziehungen.

Seit 1967 hat Israel mit der Besetzung der Westbank und des Gaza-Streifens die Kontrolle über die Gebiete, die hauptsächlich von Palästinensern bewohnt waren und sind. Mit der Besetzung einher ging eine israelische Politik, welche die Palästinenser systematisch benachteiligte, besonders auffällig ist dies im Bereich der Wasserpolitik, wie noch zu zeigen ist[190]. Obwohl der Gazastreifen unter ägyptischer Kontrolle stand und die Westbank Teil Jordaniens war, wurde darauf verzichtet, den Konflikt z.B. in die jordanisch-israelische Fallstudie einzubeziehen, zum einen weil Jordanien später auf das Westjordanland zu Gunsten einer palästinensischen Lösung verzichtete, zum anderen, weil sich die Palästinenser

---

[190] vgl. die folgenden Kapitel

weder durch Jordanien noch durch Ägypten vertreten fühlten[191]. Wie bereits angedeutet soll auch die Analyse des israelisch-palästinensischen Konflikts nicht auf die gegenwärtige Entwicklung beschränkt bleiben. Sowohl die Verhandlungen der neunziger Jahre des letzten Jahrhunderts, als auch die aktuellen Entwicklungen sind weder zu verstehen, noch zu erklären, ohne dass die Politik Israels seit 1967 beleuchtet wird, welche die wasserpolitische Situation der Gegenwart stark beeinflusst hat.

Betrachtet man als durchschnittlich interessierter Bürger den anhaltenden Konflikt zwischen Israel und den Palästinensern, so ist es nicht verwunderlich, dass es schwer fällt eine rationale Erklärung für dieses gegenseitige „Gemetzel", wie Kofi Annan es treffend beschrieb[192], zu finden. Man mag vermuten, dass selbst führenden israelischen Politikern zum Teil nicht mehr bewusst ist, dass es bei dem anhaltenden Konflikt mit seiner unsäglichen Gewaltspirale um mehr geht als um Vergeltung, Schutz vor Terror und dem Beweis militärischer Stärke. Ein Erkenntnisschritt, der häufig noch in Tageszeitungen nachzulesen ist, beruht auf der Tatsache, dass Israels andauernde de facto Beherrschung der Palästinensergebiete eine zentrale Ursache seien kann. Auch der FDP-Politiker Möllemann kam in seiner Analyse nur bis zu diesem Punkt[193]. Die Frage nach dem warum von Besatzung und Beherrschung wird in der Öffentlichkeit hingegen kaum noch diskutiert. Dabei ist die Beantwortung dieser Frage für die Erklärung des Konflikts mit Sicherheit unumgänglich, und wie wir sehen werden, ist diese Frage durchaus eng mit der Ressource Wasser verbunden.

Die Besetzung der Westbank und des Gazastreifens wird als Anfangspunkt einer Verlagerung vom israelisch-arabischen zum israelisch-palästinensischen Konflikt gewertet. Dies nicht zuletzt deswegen, weil sich die Wassersituation nach 1967 für

---

[191] Vermutung des Autors, die z.B. auf dem weiter oben skizzierten brutalen Vorgehen Jordaniens gegen die PLO in Jordanien basieren.
[192] 20:15 Uhr Tagesschau in der ARD vom 06.03.02
[193] so gelesen auf der Webseite der FDP http://www.fdp.de am 07.03.02

Israel radikal und damit zu seinen Gunsten geändert hat – die Verfügbarkeit über die reichhaltigen Wasserressourcen der besetzten Gebiete machten einen Streit mit den arabischen Nachbarn vorerst unnötig[194].

Die Wasserpolitik Israels in den besetzten Gebieten seit 1967

Sehr schnell nach der Besetzung der Westbank und des Gazastreifens übernahm Israel die absolute Kontrolle über die Wasserressourcen, d.h., die Kontrolle sowohl über bereits entwickelte Quellen und Brunnen, als auch über die Genehmigung- und Planung neu zu entwickelnder Ressourcen[195]. Dabei wurde das verfügbare Wasser der Westbank bereits seit Juli 1967 in das bestehende und expandierende israelische Wassersystem integriert, im Gegensatz zu dem Wasser des Gaza-Streifens, das nie Bestandteil des israelischen Systems wurde[196]. Doch auch hier wurde, wie in der Westbank, das System der Wasserverteilung und –gewinnung nach 1967 durch Israel radikal verändert. Dabei hatten die Palästinenser zu keiner Zeit ein Mitspracherecht bei der Verwendung der Wasserressourcen, die nach palästinensischer Einschätzung eigentlich ihnen selbst gehörten. Durch diese Situation totaler israelischer Kontrolle entstand eine Lage, die den Palästinensern gegenüber als diskriminierend zu beschreiben ist. Ursächlich hierfür ist vor allem das veränderte Wasserrecht nach 1967. Während zu der Zeit jordanischer Herrschaft in der Westbank bzw. ägyptischer Herrschaft im Gaza-Streifen, galt Wasser als privates Gut, wobei Wasser- und Landbesitz in einem engen Verhältnis aneinander gekoppelt waren. Zwar unterlagen auch hier Bewässerungsprojekte staatlicher Genehmigungspflicht, diese Genehmigungen wurden aber regelmäßig erteilt[197], sie unterblieb nur in Fällen offensichtlicher Gefährdung von Straßen oder

---

[194] vgl. kritisch Dombrowsky (Anm. 41), S. 58 die zu recht darauf hinweist, dass der eigentliche Schwenk erst mit dem Jom-Kippur-Krieg stattfand
[195] vgl. Rouyer, (Anm. 55), S. 46
[196] vgl. Lowi, Miriam: Bridging the divide, in: Lynn-Jones, Sean M. (Hrsg.): Global dangers (Cambridge/Mass), MIT Press, 1995, S. 130f
[197] vgl. Dombrowsky, (Anm. 41), S. 59

anderen Wasserversorgungseinrichtungen[198]. Das im Dezember 1968 im Westjordanland und im Jahr 1974 im Gazastreifen eingeführte israelische Wasserrecht hingegen sieht sämtliche Wasserressourcen als öffentliches Gut, das somit ausschließlich vom Staat reguliert wird. Hierfür waren in den besetzten Gebieten, wie im restlichen Israel, zwei Institutionen zuständig: Mekorot für den Bau von Bewässerungs- und Wasserversorgungssystemen und Tahal für die Erstellung eines Gesamtplans und die Entwicklung strategischer Wasserpläne[199]. Die israelische Politik brachte für die Palästinenser einschneidende Veränderungen mit sich. Zum einen durften neue Brunnen nur mit Genehmigung Israels gebohrt werden. Die Genehmigungspflicht allein kann noch nicht als Argument für israelische Diskriminierung oder gar Schikane gewertet werden. Ergänzt werden muss die Feststellung der Genehmigungspflicht allerdings durch den Fakt, dass von 1967 bis zum Einsetzen des Friedensprozesses lediglich fünf (!) Genehmigungen für die Westbank erteilt wurden und dies angesichts ständig steigender palästinensischer Bevölkerungszahlen[200]. Gleichzeitig wurde durch die israelischen Behörden die Reparatur palästinensischer Quellen untersagt, sobald diese in der Nähe israelischer Quellen lagen. Während sich diese scharfen Bestimmungen hauptsächlich auf die Verwendung von Wasser für Bewässerungsprojekte beschränkte, war der Bau von kleineren Brunnen für den Hausgebrauch nicht von vorneherein verboten worden, aber auch hier machte ein kompliziertes und langwieriges Genehmigungsverfahren es vielen palästinensischen Familien unmöglich, neue Wasserquellen für sich zu erschließen[201]. Auch waren die Bohrgenehmigung jeweils mit einer restriktiven Tiefenbeschränkung versehen. So kam es, dass die Zahl der Brunnen und der zur Verfügung stehenden Quellen im Westjordanland von 1967 bis 1990 um knapp 50

---

[198] vgl. Rouyer, (Anm. 55), S. 47
[199] vgl. Lowi, (Anm. 199), S. 130
[200] vgl. Dombrowsky, (Anm. 41), S. 59
[201] vgl. Rouyer, (Anm. 55), S. 48

abnahm[202]. Gleichzeitig lässt sich feststellen, dass sich der Zustand der Brunnen und Quellen im Westjordanland und im Gaza-Streifen innerhalb der Jahrzehnte stark verschlechterte, da die notwendigen Reparaturen nur selten genehmigt wurden. Die zweite wesentliche Einschränkung, die seitens der israelischen Behörden nach 1967 vorgenommen wurden, bestimmte die Quotierung des Wassers. Hatten vor der Besetzung die Besitzer der Brunnen soviel Wasser fördern dürfen, wie sie benötigten, wurde dieses Recht nach 1967 in erheblichem Maße durch die Begrenzung der Wassermenge eingeschränkt. Die Quotierung ging dabei einher mit Überwachung und Bestrafung von Überschreitungen der festgelegten Wassermengen[203], zudem orientierte sich die Wasserquote all die Jahre hindurch an dem Stand des Verbrauchs und Bedarfs von 1967, so dass der damals von Mekorot festgelegte Verbrauch der Palästinenser von nicht mehr als 125Mio. Kubikmeter pro Jahr nicht lange eingehalten werden konnte. Weitere Restriktionen, wie das Bewässerungsverbot für Palästinenser nach 16:00 Uhr, runden die israelischen Restriktionen ab[204].

Die von der israelischen Besatzungsmacht eingeführten Beschränkungen scheinen hart gegenüber der palästinensischen Bevölkerung, ließen sich aber noch rechtfertigen, wenn damit eine langfristige, nachhaltige Nutzung der Ressourcen in den besetzten Gebieten hätte gesichert werden sollen. De facto aber wurden für die israelischen Siedler vor allem im Westjordanland ganz andere Regelungen für die Nutzung und Gewinnung von Wasser angewandt. Bis zum Beginn des Nahost-Friedensprozesses wurden für diese, gemessen an der palästinensischen Bevölkerung kleine Gruppe, sechsunddreißig neue Brunnen gebaut und dies mit der Hilfe der Mekorot in Tiefen bis zu 750 Meter, nicht selten das zehnfache der für Palästinenser zugelassenen Tiefe[205]. Mit der technischen Hilfe der Mekorot und der verwendeten Brunnenbauhochtechnologie ist das für die israelischen Siedler

---

[202] vgl. ebenda, S. 49
[203] vgl. Dombrowsky, (Anm. 41), S. 59
[204] vgl. Lowi, (Anm. 199), 129f.
[205] vgl. Dombrowski, (Anm. 41), S. 59

gewonnene Wasser von weitaus höherer Qualität und die durchschnittlich geförderte Menge einer israelischen Quelle liegt weit über dem fünfzigfachen einer palästinensischen Quelle[206]. Der für einen Kubikmeter Wasser von den Palästinensern zu zahlende Preis lag Mitte der achtziger Jahre bei dem sechsfachen des für israelische Siedler geltenden Tarifs[207].

Die Folgen der israelischen Wasserpolitik in den besetzten Gebieten

Es ist unbestritten, dass diese Maßnahmen der israelischen Behörden in der Westbank und im Gaza-Streifen letztlich zu Spannungen zwischen Israel und der palästinensischen Bevölkerung der besetzten Gebiete führen mussten. Mit der rigiden Begrenzung des Wasserverbrauchs für Palästinenser kam es zu tiefgreifenden Veränderungen in der palästinensischen Sozialstruktur. Die palästinensische Landwirtschaft lohnte sich über die Jahre hinweg immer weniger, mehrere Zehntausende Palästinenser, die früher ihr Einkommen durch die Bewirtschaftung von Land erzielten, sind in den Jahren nach 1967 arbeitslos geworden, bzw. mussten als ungelernte Arbeiter ihr Dasein fristen[208]. Auch die Vereinten Nationen erkannten, dass diese Behandlung des palästinensischen Volkes sicher nicht mit den Rechten und Pflichten einer Besatzungsmacht zu vereinbaren war, und hat dies durch mehrere Resolutionen verurteilt[209]. Aber nicht nur die Vereinten Nationen, sondern selbst ausgewiesene israelische Spezialisten auf dem Gebiet des internationalen Rechts erkennen an, dass die diskriminierenden Einschränkungen des Wasserverbrauchs für Palästinenser gegen die Genfer Konvention verstößt[210]. Ob, und inwiefern die israelische Wasserpolitik letztlich zu Gewalt, wie z.B. der ersten Intifada beigetragen hat, lässt sich mit den vorliegenden Quellen nicht beweisen. Einleuchtend erscheint aber die Tatsache,

---

[206] vgl. Rouyer, (Anm. 55), S. 50
[207] vgl. Lowi, (Anm. 199), S. 132
[208] vgl. Lowi, Miriam R.: Bridging the divide. Transboundary resource disputes and the case of West Bank water, in: International Security (Cambridge/Mass.). 18 (Sommer 1993) 1, S. 130
[209] vgl. Renger / Thiele, (Anm. 62), S. 80

dass eine derart diskriminierende und den Einzelnen in seiner Lebensweise bedrohende Wasserpolitik zu der Entwicklung von Hass und einer explosiven Stimmung beigetragen hat.

Offensichtlich ist bereits geworden, dass für Israel eine eigennützige Wasserpolitik Vorrang hatte vor einer konfliktvermindernden oder gar kooperativen Haltung. Damit wäre für diesen Teil der Konfliktanalyse bereits gezeigt, dass Israel hier im Sine eines hydraulischen Imperativs gehandelt hat, allerdings soll hier noch geprüft werden, ob Israel mit seiner Wasserpolitik auch tatsächlich wasserstrategische Ziele verfolgte, oder ob diese Politik nicht letztlich nur ein Besatzungsinstrument israelischer Politik war, welches nur unbedeutend von wasserstrategischen Interessen berührt wurde, wie dies Rouyer[211] deutet. Er hält die israelischen Ansprüche für ideologisch und nicht ökonomisch motiviert, das Wasser habe für Israel nur dahingehend eine Bedeutung gehabt, mit dem Wasser auch die Westbank in den Staat Israel zu integrieren und eine Rückgabe nahezu unmöglich zu machen. Diese Argumentation ist durchaus geeignet, einen Teil der israelischen Politik zu erklären, und Rouyer ergänzt dies noch durch die Feststellung, dass die Kosten für die gemeinsame Erschließung neuer Wasserressourcen weitaus günstiger ausfielen als „suffer the effects of another intifada"[212].

Gewichtiger als diese - wenn auch richtigen Argumente - scheinen für die israelischen Wasserstrategen aber folgende Fakten zu sein: Mehr als 85% des im Westjordanland entspringenden Wassers wird von Israel genutzt, nicht von den Palästinensern[213]. Zusätzlich macht das Wasser der Westbank einen großen Teil, nämlich weit mehr als 500 Millionen Kubikmeter pro Jahr, Israels gesamten genutzten Wassers aus, dessen Nutzbarmachung erst die Ansiedlung und Versorgung vieler der ins Land strömenden jüdischen Siedler möglich machte[214]. Deshalb erscheint es vorschnell geurteilt, Israels Wasserpolitik in der Westbank

---

[210] vgl. Shuval, (Anm. 74), S. 39
[211] vgl. Rouyer, (Anm. 55), S. 72
[212] ebenda
[213] vgl. Dombrowsky, (Anm. 41), S. 59

mit dem Stempel der Ideologie zu versehen. Dass das Wasser der Westbank für Israel von realer Bedeutung ist, machen auch die Verhandlungen der neunziger Jahre im Rahmen des Nahost-Friedensprozesses deutlich, die im folgenden zu besprechen sind.

Die palästinensischen Anforderungen an eine Verteilung des Wassers der besetzten Gebiete

Bevor in diesem Kapitel auf die einzelnen Forderungen der palästinensischen Seite vertieft eingegangen werden soll, bleibt festzuhalten, dass den Palästinensern unabhängig von einer späteren Wasserverteilung die Anerkennung ihrer Rechte an den natürlichen Ressourcen der Westbank und des Gaza-Streifens ein besonderes Anliegen ist, welches sie zur Bedingung für weitere und endgültige Verhandlungen mit Israel machen wollten. *„...water rights are what the negotiations are all about, but palestinians do envision cooperation with the Israelis in the future on the use of resources once they recognize these rights"*[215]. Für die palästinensische Bevölkerung geht es nicht ausschließlich um die Nutzbarmachung von Wasservorkommen für Ihre Zwecke, sondern vor allem um die Anerkennung Ihrer Rechte, bei denen die Wasservorkommen einen zentralen Punkt einnehmen. Die Besetzung von Land und die Ausbeutung des Wassers, die von vielen Palästinensern als Diebstahl wahrgenommen wird[216] hat für die Palästinenser eine Bedeutung erhalten, die über die offensichtliche Benachteiligung hinausgeht, die Kontrolle über Wasser und Land dienen ähnlich der zionistischen Ideologie als Zeichen von Selbstbestimmung, Souveränität und der Überwindung israelischer Herrschaft. Somit handelt es sich bei dem übergeordneten palästinensischen Ziel also nicht um den Ausdruck wasserstrategischer Planungen, sondern vielmehr um die Grundpfeiler für die Errichtung eines eigenen Staates, die den eigentlichen Aspekten der Wasserverteilung, -gewinnung und –nutzung voran gestellt sind.

---

[214] vgl. Libiszewski, (Anm. 138), S. 632
[215] Erekat, Saeb, zitiert in Rouyer, (Anm. 55), S. 186

78

Selbst wenn Wasserrechte das eigentliche Thema israelisch-palästinensischer Verhandlungen sind, kann nicht festgestellt werden, dass Wasserstrategie selbst die treibende Kraft ist, dies ist vielmehr die mit der Kontrolle des Wassers verbundenen Zeichen nationaler Souveränität.

Wenn diese Argumentation gegen die Orientierung palästinensischen Handelns an einem hydraulischen Imperativ spricht, so müssen die sehr detaillierten und ausdifferenzierten Forderungen der Palästinenser bezüglich einer späteren Wassernutzung dem entgegengestellt werden. Diese Forderungen sollen im folgenden kurz dargestellt werden[217]:

Das Grundwasservorkommen des sogenannten Mountain-Aquifers[218], die ausschließlich von Regenfällen gespeist werden, die über der Westbank niedergehen, der sich aber auch unterirdisch bis auf israelisches Gebiet erstreckt, sollte hauptsächlich den Palästinensern zu Gute kommen und nicht wie Anfang der neunziger Jahre durch israelische Tiefbohrungen ausgebeutet werden, deren Technologie den Palästinensern vorenthalten wurde. Dabei spielt auch die Befürchtung eine Rolle, dass erneute Einwanderungswellen nach Israel die jetzt schon weitgehende Übernutzung des Mountain-Aquifers noch verschlimmern könnte und somit irreparable Schäden an diesem Grundwasservorkommen entstehen, das für die zukünftige Entwicklung eines palästinensischen Staates eine bedeutende Rolle spielen soll.

Die seit Jahrzehnten unveränderten Wasserquoten für die palästinensische Wassernutzung sollen nicht weiter Bestand haben, aus Sicht der Palästinenser ist es unbegreiflich und nicht durch rationale Argumente zu erklären, warum Israel Dutzende neuer Wasserquellen für den Bedarf israelischer Siedler erschlossen hat, gleichzeitig aber die Wasserallokationen für den palästinensischen Bedarf im industriellen, landwirtschaftlichen und persönlichen Bereich auf dem Stand von 1967 eingefroren hat, ohne das immense Bevölkerungswachstum und die

---

[216] Erekat, Saeb: „The Israelis are stealing our water and it must Stop", ebenda
[217] Zusammengefasst aus Rouyer, (Anm. 55), S. 186ff
[218] siehe Kapitel über die hydrographischen Grundlagen im Jordanbecken dieser Arbeit

veränderten Bedürfnisse auch moderner Industrie zur Kenntnis zu nehmen. Großzügige israelische Gärten und sogar private Schwimmbäder sind für die Palästinenser ein deutliches Zeichen, dass die entstandene Wasserknappheit in vielen palästinensischen Dörfern durch israelische Wasserverschwendung verursacht wird. Auch wirft man der israelischen Seite vor, dass der Bau der Tiefbrunnen in direkter Nähe zu traditionellen palästinensischen Brunnen in vielen Fällen zu deren versiegen geführt hat, die Versalzung der Grundwasservorkommen in Gaza wird ebenfalls auf die übermäßige israelische Ausbeutung zurückgeführt.

Allein diese Punkte machen deutlich, dass es den Palästinensern sehr wohl auch um wasserstrategische Interessen im eigentlichen Sinne geht. Die Bedeutung der Erhaltung langfristiger Nutzungsmöglichkeiten der Wasserressourcen in den besetzten Gebieten zeigt, dass es hier um die Sorge geht, dass die natürlichen Lebensgrundlagen für einen palästinensischen Staat zerstört werden könnten, d.h. Wasser wird als bedeutender Faktor für eine zukünftige Entwicklung des Landes und seiner Wirtschaft gesehen. Diese Erkenntnis steht in klarer Abgrenzung zu der ideologischen Bedeutung der Kontrolle über die Wasservorkommen, ist hier aber keinesfalls als weniger bedeutend für die palästinensische Position anzusehen.

Die israelische Argumentation zur Nutzung der Wasserverkommen in den besetzten Gebieten

Die israelische Position unterscheidet sich deutlich von der palästinensischen. Grundsätzlich war Israel nicht der Ansicht, dass die Palästinenser ein größeres Anrecht als sie selbst auf die Wasservorkommen hätten, auch wiesen sie die Vorwürfe zurück, man habe sich das Wasser der Westbank widerrechtlich angeeignet. Dabei spielten die hier gewonnen Wasservorkommen immer eine bedeutende Rolle für Israels Wassersicherheit, die damit die Grundrichtung israelischer Verhandlungsführung vorgeben musste. Wie bereits dargestellt, war und ist das Grundwasservorkommen der Westbank von großer Bedeutung für

Israel, da hier mehr als die Hälfte des Trinkwassers gewonnen wird[219]. Die Befürchtungen Israels gingen vor allem dahin, dass die Abgabe der Kontrolle über die Wasserressourcen an die Palästinenser die israelische Wasserversorgung nachhaltig schädigen könnte. Die Befürchtungen richten sich hierbei vor allem auf eine nicht-nachhaltige Überausbeutung der Grundwasser-Aquifere durch die Palästinenser. In der Tat ist es möglich, diese Aquifere durch zu hohe Wasserentnahmen dauerhaft zu schädigen, da hierdurch Salzwasser in die zu tief abgesenkten natürlichen Reservoirs eindringen kann und somit das Wasser unbrauchbar gemacht wird[220]. Diese Befürchtungen Israels sind auch und vor allem mit einer unkontrollierten Einwanderung hunderttausender palästinensischer Flüchtlinge in die Westbank verbunden, die für den Fall der Entstehung eines eigenständigen Palästinenserstaates von israelischen Politikern prognostiziert wird[221]. Über diese grundlegenden Sicherheitsbedenken hinaus sieht Israel seine Rechtsposition zudem durch internationales Recht bestätigt. Es kann zu Recht für sich in Anspruch nehmen den sogenannten Mountain-Aquifer viel früher nutzbar gemacht zu haben, als die Palästinenser. Israelische Aktivitäten zur Erschließung dieser Wasserquelle haben ihre Anfänge bereits in den dreißiger Jahren des zwanzigsten Jahrhunderts[222], während die Palästinenser erst in den sechziger Jahren mit der Erschließung begonnen hätten.[223] All diese Bedenken wurden sogar 1990 durch den israelischen Landwirtschaftsminister mit Hilfe ganzseitiger Zeitungsannoncen der Öffentlichkeit ins Bewusstsein gerufen. Gleichzeitig forderte er, dass die Westbank und der Gaza-Streifen allein aus wasserstrategischen Gesichtspunkten niemals den Palästinensern überantwortet werden dürften, da sonst die lebenswichtigen Grundlagen des israelischen Staates gefährdet seien[224]. Hier zeigt sich wiederum deutlich, welchen Einfluss

---

[219] vgl. Rouyer, (Anm. 55), S. 192
[220] Arlossoroff, Saul: Managing scarce water: recent Israeli experience, in: Allan, (Anm. 27), S. 24 ff.
[221] vgl. Rouyer, (Anm. 55), S. 134f.
[222] vgl. Shuval, (Anm. 74), S. 42
[223] vgl. Rouyer, (Anm. 55), S. 133
[224] vgl. Shuval, (Anm. 74), S. 43

wasserstrategische Überlegungen und Zielsetzungen auf die israelische Politik gehabt haben und dass auch eine fortgesetzte Besetzung des Westjordanlandes und des Gaza-Streifens und damit eine angespannte Konfliktsituation zur Erreichung dieser Ziele in Kauf genommen wurden.

Allerdings muss hier einschränkend festgestellt werden, dass all diese öffentlich dargestellten Argumente Israels nicht der einzige Grund für eine weitere Besetzung vor allem der Westbank sein kann, anders lässt sich nicht erklären warum der sogenannte Jaffee Centre Report[225] zensiert und bis heute nicht kommentiert wurde. Der israelische Jaffee Centre Report, der sich mit den Wasserressourcen der Westbank und deren Nutzbarmachung eingehend beschäftigt hat, legt im Anschluss an seine Ausführungen eine Karte vor, welche das wasserstrategisch Unverzichtbare Territorium der Westbank markiert. Die Weiterbesetzung dieses Territoriums würde es Israel ermöglichen, weiterhin nahezu die gesamten Grundwasservorkommen des Westjordanlandes zu kontrollieren und somit die uneingeschränkte Trinkwasserversorgung Israels weiterhin zu gewährleisten[226]. Die offensichtliche Überraschung dieses Reports liegt in der Tatsache, dass die „Maximum Withdrawal Zone"[227], also das Gebiet, dass Israel ohne Gefährdung seiner wasserstrategischen Position aufgeben könnte, ungefähr achtzig Prozent der besetzten Gebiete beträgt[228]. Schenkt man diesem Report Glauben, – die Zensur bzw. Geheimhaltung durch die israelische Regierung mag zumindest beweisen, dass die Inhalte glaubhaft dargestellt wurden[229] - so lässt sich die Besetzung von achtzig Prozent der Westbank nicht durch Wasserpolitik erklären. Indes ist natürlich fraglich ob ein teilweiser Abzug bei gleichzeitigem Festhalten an der Kontrolle über ausgewählte Gebiete überhaupt eine umsetzbare und den politischen Realitäten entsprechende Option war[230], letztlich bleibt unbestritten,

---

[225] vgl. Lonergan / Brooks (Anm. 43), S. 207f.
[226] ebenda
[227] so die Benennung durch den Jaffee Centre Report selbst
[228] wie aus der Karte in Lonergan / Brooks (Anm. 43), S. 207
[229] vgl. Rouyer, (Anm. 55), S. 135f.
[230] Eine Frage, die im Kontext dieser Arbeit nicht geklärt werden kann

82

dass Wasserpolitik eine bedeutende Rolle in Israels Argumentation gespielt hat, ohne dass damit der Einfluss weiterer Faktoren, wie dem ideologischen Festhalten an „Judäa und Samaria"[231] als Teil Israels ausgeschlossen werden soll.

Die israelisch-palästinensischen Abkommen als Teil der Konfliktbearbeitung

Da sich bis heute in der gesichteten Literatur keine oder nur sehr oberflächliche Analysen der Abkommen zwischen Israel und den Palästinensern bezüglich der Wasserproblematik finden lassen, basiert der folgende Abschnitt in weiten Teilen auf der eigenen Analyse des „Draft-Agreement on Palestinian self-rule"[232], auch bekannt unter dem Namen „Declaration of Principles", das am 20. August 1993 paraphiert wurde und des „Israel-PLO Interim Agreements"[233], das sogenannte Oslo-II-Abkommen, vom 28. September 1995. Bei der Analyse dieser beiden Abkommen soll geklärt werden, in wieweit Wasserpolitik hier eine Rolle spielt und wie der Inhalt der Abkommen hinsichtlich der im vorhergehenden Kapitel erklärten Positionen Israels bzw. der Palästinenser zu bewerten ist.

„Draft-Agreement on Palestinian self-rule"

Die Unterzeichnung der ersten Vereinbarung zwischen Israel und den Palästinensern, die heute vor allem noch durch den historischen Handschlag zwischen Rabin und Arafat in Erinnerung ist, war sicherlich für beide Seiten ein wichtiger Schritt in eine neue Richtung, für die Palästinenser bedeutete es einem eigenen Staat ein großes Stück näher gekommen zu sein, und die israelische Seite konnte sich von dem positiven Verlauf der Verhandlungen auch eine Verbesserung ihrer politischen und vor allem sicherheitspolitischen Lage erhoffen. Trotzdem

---

[231] wie die Westbank durch Israelische Hardliner häufig bezeichnet wird, hier vgl. Eshel, (Anm. 23), S. 19

[232] Der Text dieses Draft-Agreements wurde für die folgende Analyse dem Buch von Lonergan / Brooks (Anm. 43), S. 218f. entnommen

[233] Der Text dieses Agreements wurde für die vorliegende Analyse dem Anhang II des Buches von Amery / Wolf (Anm. 3), S. 268ff. entnommen.

wurden mit diesem ersten Abkommen keineswegs alle Konflikte zwischen den beiden Parteien entschärft, was auch und besonders im Bereich der Wasserverteilung zu erkennen ist. Dem Bereich Wasser wird sehr wohl in dem Abkommen Rechnung getragen, so sieht Artikel 7 des Abkommens[234] vor, dass eine palästinensische Wasserverwaltung („Palestinian Water Administration Authority") gegründet wird, was darauf schließen lässt, dass den Palästinensern sehr wohl zugestanden wird, den Bereich Ihrer Wasserversorgung selbstständig bearbeiten zu dürfen. Gleichzeitig muss allerdings festgestellt werden, dass kein Wort darüber verloren wird, welche Rechte und Pflichten sich für diese neu zu schaffende Institution ergeben. Zwar enthält der Vertrag wichtige Schritte hin zu einer engen Kooperation in der wichtigen Frage der Gewinnung und Erschließung neuer Wasserquellen[235], die wenige Monate zuvor undenkbar gewesen wären und somit auch auf die israelische Erkenntnis hindeuten, dass kooperative Ansätze in Zukunft sicherlich Vorteile für die Wassergewinnung bedeuten können, aus palästinensischer Sicht aber bleiben viele Erwartungen unerfüllt. So enthält das gesamte Abkommen keinen Hinweis auf Bohr- und Pumprechte oder konkrete Pläne zur Teilung des vorhandenen Wassers. Dieser Punkt ist natürlich in erster Linie für die palästinensische Seite von Bedeutung, da die akute Wasserknappheit letztlich auch durch die zu knapp bemessenen Wasserquoten erzeugt wird, die mittel- und langfristigen Kooperationsabsichten der Annexe III und IV des Abkommens scheinen diese akute Problematik nicht durchbrechen zu können. Aber letztlich wurde das Abkommen nicht nur aus vorgenannten Gründen von palästinensischer Seite kritisiert, sondern auch Israelis wandten sich gegen die Möglichkeit, überhaupt eine palästinensische Wasserbehörde zu gründen, da allein ihr Vorhandensein die totale Kontrolle Israels einschränkt und damit eine potentielle Gefährdung israelischer Interessen darstellt[236]. Letztlich lässt sich an diesem ersten Abkommen zweierlei ablesen: Zum einen haben sich die Israelis

---

[234] vgl. Artikel VII des Draft-Agreements, (Anm. 235), S. 218f.
[235] vgl. Annex III. Und IV des Draft Agreements, (Anm. 235), S. 219
[236] vgl. Rouyer, (Anm. 55), S. 200

84

sicherlich in diesem Thema der palästinensischen Seite angenähert, in dem man mit der Errichtung einer palästinensischen Wasserbehörde zeigt, dass Israel den Palästinensern ein Recht auf eigenständige Kontrolle grundsätzlich zugesteht. Andererseits ist die „Palestinian Water Administration Authority" eine Behörde ohne vertraglich festgehaltene Rechte[237]. Damit wird deutlich, dass Israel (noch) nicht bereit war seine eigenen Kontrollmöglichkeiten soweit aufzugeben, dass seine Interessen tatsächlich gefährdet wären. Auch mit der Verweigerung einer Neugestaltung der Wasserzuteilung hält Israel an seiner Politik fest, den Löwenanteil des Westbankwassers für seine Zwecke zu nutzen. Daher muss letztlich geschlossen werden, dass Israel zu diesem Zeitpunkt keineswegs bereit war, seine wasserpolitischen Interessen hinten an zu stellen, vielmehr ging man nur soweit auf palästinensische Forderungen ein, wie dies für einen positiven Ausgang erforderlich war, bei gleichzeitiger Beibehaltung der eigenen Kontrolle über das Grundwasser von Westbank und Gaza.

Das Israel-PLO Interim Agreement
Das Oslo II Abkommen kann eigentlich nur als Paradigmenwechsel in der israelischen Wasserpolitik betrachtet werden, die hier getroffenen Vereinbarungen zeugen tatsächlich von einer Abkehr von der Verabsolutierung, deren Vorhandensein bisher in zahlreichen Fällen nachgewiesen werden konnte[238]. Dies ist offensichtlich darauf zurückzuführen, dass die Labour-Regierung unter Yitzak Rabin und Simon Peres letztlich erkannt hatte, dass ein umfassender Frieden mit den Palästinensern unerreichbar bleibt, wenn nicht auch und gerade in Fragen der Kontrolle über lebenswichtige Ressourcen der palästinensischen Seite gegenüber weitreichende Zugeständnisse gemacht werden. Als Nachweis für diesen Paradigmenwechsel mag auch die breite innerisraelische Kritik gelten, die nach

---

[237] vgl. Artikel VII des Draft-Agreements, (Anm. 235), S. 218f.
[238] Siehe die vorangehenden Kapitel

dem Abschluss des Vertrages einsetzte. So wurde das Abkommen zum Teil als „a give away of our water to the arabs"[239] bezeichnet. In der Tat macht das Interim-Abkommen an seinen zentralen Stellen deutlich, dass es sich bei den Wasserressourcen der Westbank eben offensichtlich nicht (nur) um israelisches Wasser handelt, die palästinensischen Wasserrechte werden ausdrücklich anerkannt: „Israel recognizes the Palestinian water rights"[240]. Auch wenn kritisiert werden kann, dass diese Rechte letztlich im Dunkeln bleiben und im Abkommen nicht weiter ausgeführt werden, lässt sich dies aber auch damit begründen, dass eben diese Rechte Gegenstand eines endgültigen Abkommens sein sollten[241], 1995 war –vielleicht auch in der allgemeinen Euphorie über den erreichten Durchbruch- nicht abzusehen, dass mit dem Regierungswechsel im Israel des Jahres 1996 ein solches Abkommen bis heute in weite Ferne gerückt ist. Aaron Wolf stellt schließlich fest, dass bei der Reihenfolge des geplanten Abzugs aus dem Westjordanland auch nicht auf wasserstrategische Orte Rücksicht genommen wurde, vielmehr seien einige der wichtigsten Knotenpunkte der Wasserversorgung, die auch nach der Karte des Jaffee Centre[242] innerhalb israelischer Kontrolle verbleiben sollten[243], bereits zu Beginn des Abzugs palästinensischer Kontrolle übergeben worden.

Auch bei den Wasserquoten konnten die Palästinenser eine deutliche Verbesserung Ihrer Position erwirken, die zugeteilte Menge Wassers für den Haushaltsbereich wurde nahezu verdoppelt[244], und der schon mit der „Declaration of Principles" eingeschlagene Weg der Kooperation zur Erschließung neuer Quellen wird mit dem Oslo II Abkommen noch weiter ausgebaut, hier widmet sich ein ganzes Unterkapitel des Artikels 40 des Abkommens diesem Bereich. Ein ebenfalls richtungsweisender Schritt ist die Schaffung des sogenannten „Joint Water

---

[239] Dan Zaslavsky, zitiert nach nach Rouyer, (Anm. 55), S. 206
[240] vgl. Artikel 40, Principle 1des Agreements, (Anm. 236), S. 268
[241] ebenda
[242] zur Diskussion dieses Reports sehen Sie bitte das vorangehende Kapitel über die wasserpolitischen Intentionen Israels
[243] vgl. Wolf, (Anm. 96), S. 107

Commitee", das die Aufgabe hat, alle mit Wasser verknüpften Angelegenheiten auf der Basis völliger Gleichberechtigung zwischen Israel und den Palästinensern zu regeln[245]. Natürlich geht auch das Interim-Abkommen nicht so weit, den Palästinensern den von Ihnen geforderten Großteil des Westbank-Wassers zuzugestehen, dennoch muss abschließend festgestellt werden, dass das Oslo II Abkommen wie dargestellt offensichtlich von den früheren Zielen absoluter israelischer Kontrolle und Wassersicherheit abrückt, so dass ein absoluter hydraulischer Imperativ die Handlungsweise zumindest der Labour-Regierung Israels im Jahre 1995 nicht mehr erklären kann.

Zum heutigen Zeitpunkt muss allerdings festgestellt werden, dass die Entscheidungen von 1995 tatsächlich keinen Einfluss auf die israelische Wassersicherheit zu haben scheint. Zum einen ist der Abschluss eines endgültigen Abkommens, das auch die Rechte der palästinensischen Verwaltung zementiert hätte, heute in weite Ferne gerückt[246], zum anderen zeigen die Ereignisse des Jahres 2002, dass Israel sich auch gegen geschlossene Verträge letztlich ein militärisches Vorgehen vorbehält und zumindest unter der jetzigen Regierung auch weiter vorbehalten wird[247]. Ob sich dies auch auf die Sicherung von Wasserressourcen erstrecken würde, ist letztlich reine Spekulation, gleichwohl kann vermutet werden, dass solche Optionen nicht endgültig ausgeschlossen werden können; dass Israel die militärischen Mittel dazu besitzt, hat es mit dem Einsatz von über 20.000 Soldaten am 13. März 2002 bei der Besetzung der Stadt Ramallah eindeutig bewiesen[248]. Doch militärische Gewalt ist zum jetzigen Zeitpunkt nicht einmal nötig, um die durch die Joint Water Commission etablierte gemeinsame Verwaltung der Wasserressourcen ins Leere laufen zu lassen, eine

---

[244] vgl. Artikel 40 – additional Water, des Agreements, (Anm. 236), S.. 269
[245] vgl. Artikel 40 - the Joint Water Committee, des Agreements, (Anm. 236), S. 270
[246] vgl. Tagessschau, ARD, 12.03.02, 20:00 Uhr
[247] vgl. ebenda
[248] vgl. Sendung „Echo des Tages", am 13.03.02 im WDR5 Radio

Blockadehaltung reicht hier offenbar aus[249]. Es bleibt nur abzuwarten, ob die Abkehr von einem absoluten hydraulischen Imperativ und der Auftakt zu einer gemeinsamen Wasserpolitik nur ein kurzes Intermezzo der Regierung Yitzak Rabins war, oder ob sich die gewonnen Einsichten auch nach einem Ende der momentanen Feindseligkeiten durchsetzen können.

6. Kooperationspläne im Kontext der Wasserressourcen

Nach der Analyse der verschiedenen Konfliktfelder soll nun mit der Überprüfung von Kooperationsmöglichkeiten, -plänen und –absichten fortgefahren werden, auch hier steht die Untersuchung im Zeichen der Überprüfung des hydraulischen Imperativs.

Meerwasserentsalzung

„...desalination is to water what nuclear power is to electricity...“[250]. Diese Aussage lässt hoffen und zweifeln zugleich, hat doch die Atomkraft –nicht nur hierzulande- einen recht zweifelhaften Ruf erhalten. Unstrittig ist aber offenbar, dass Atomkraft tatsächlich Elektrizität in nahezu unbegrenztem Ausmaß zur Verfügung stellen kann. Es ist offensichtlich, dass eine solche Quelle übertragen auf Trinkwasser ein Segen für die Staaten des Jordanbeckens wäre. In der Tat kann Meerwasserentsalzung eine solche Perspektive durchaus bieten, denn eines ist sicher: Die Staaten des Jordanbeckens leiden nicht grundsätzlich unter Wassermangel, sondern nur unter Süßwassermangel. Israel, Jordanien und auch die Palästinenser verfügen über Zugang zu einem nahezu unbegrenzt verfügbarem Gut, dem Meerwasser. Dieses unterscheidet sich von trinkbarem oder landwirtschaftlich- bzw. industriell nutzbarem Wasser nur in seinem Salzgehalt. Überschreitet dieser Salzgehalt ein gewisses Maß, so wird aus dem so wertvollen

---

[249] vgl. Kliot, (Anm. 70), S. 204
[250] vgl. Lonergan / Brooks (Anm. 43), S. 54

88

Süßwasser ein Stoff, der wirtschaftlich nicht mehr nutzbar ist. Deshalb liegt es nahe, die Idee der Meerwasserentsalzung näher zu betrachten und auf den ersten Blick auch als Wundermittel zu begreifen.

Technik und Kosten von Meerwasserentsalzung

Der technische Aspekt der Meerwasserentsalzung spielt für diese Arbeit nur in soweit eine Rolle, als dass festzustellen sein wird, dass es sich hierbei um Hochtechnologie handelt, woraus wiederum einige Bedingungen für die Verwendung von Meerwasserentsalzungsanlagen ableitbar sind. Dabei ist der eigentliche Prozess des Entsalzungsvorgangs relativ einfach, er basiert letztlich auf einem Verdunstungsvorgang des salzhaltigen Wassers, bei dem die mineralischen Komponenten im festen Aggregatszustand verbleiben, während das Wasser in seinem gasförmigen Zustand abgeleitet wird. Was hier so einfach klingen mag ist in der Praxis enorm aufwendig. Alle verwendeten Verfahren benötigen Wärmezufuhr, komplexe Druck/Unterdruck-Systeme und dazu eine aufwendige Computersteuerung, um aus salzhaltigem Meerwasser einigermaßen nutzbares Süßwasser zu erzeugen[251]. Diese aufwendige, energieintensive Technologie zur Wassergewinnung wird in der Literatur häufig nicht als Lösung anerkannt, da die Meerwasserentsalzung ähnlich wie die Atomenergie mit vielen Nachteilen verbunden ist. Trotzdem werden heutzutage weltweit bereits 1,8 Milliarden Kubikmeter Süßwasser[252] jährlich durch die Meerwasserentsalzung gewonnen, daher lohnt es sich, einen genaueren Blick auf die vermeintlichen Hindernisse eines Ausbaus dieser Technologie im Jordanbecken zu werfen.

---

[251] vgl. Dabbagh, Taysir u.a.: Desalination, an Emergent Option, aus: Rogers, Peter (Hrsg.): Water in the Arab world. (Cambridge/Mass), Harvard Univ. Press, 1994, S. 203ff.
[252] vgl. Lonergan / Brooks, (Anm. 43), S. 55

Die Kosten der Meerwasserentsalzung als Antrieb zur Kooperation

Avishay Bravermann weist darauf hin, dass die Kosten jedes entsalzten Liters Meerwasser die finanziellen Möglichkeiten der meisten Länder im Jordanbecken mit Sicherheit übersteigt, vielmehr bliebe sie nur reichen Industrieländern oder den ressourcenreichen Staaten wie Kuwait oder Saudi-Arabien vorbehalten[253]. Tatsächlich scheinen die Gesamtkosten für eine Meerwasserentsalzung im Jordanbecken nicht hundertprozentig kalkulierbar zu sein, die Schätzungen liegen bei 0,75 US-$ bis 2 US-$ pro Kubikmeter und liegen damit immer noch deutlich über den Kosten für Wassergewinnung durch Brunnenbohrung[254]. Da allerdings die traditionelle Brunnenbohrung bereits jetzt an ihre Grenzen stößt, ist es fraglich ob es legitim ist, allein die Herstellungskosten zu vergleichen, wie sie sich zum jetzigen Zeitpunkt darstellen. Bei einer weiteren Verknappung des Brunnenwassers kann der preis relativ sinken. Auf jeden Fall müssen die einzelnen Faktoren betrachtet werden, die zu den hohen Kosten bei der Meerwasserentsalzung führen.

a.   Der Stand der Technik

Der Stand der verwendeten Technologie ist nicht als besonders fortschrittlich oder „up-to-date" zu bezeichnen. Das hat seine Ursachen darin, dass die Hauptnutzer der Wasserentsalzung, die reichen Ölstaaten, nur bedingt an einer Kostenbegrenzung interessiert waren und sind, und andererseits die Problematik des Wassermangels in den entwickelten Industrieländern auf der Nordhalbkugel keine Rolle spielt und somit die Forschung hier nur sehr bedingt voran getrieben wurde. Die eigentlich betroffenen Staaten, die am meisten von einer Meerwasserentsalzung profitieren würden, sind ähnlich den Staaten des

---

[253] vgl. Braverman, Avishay: Wasser: Element des Friedens und des Konflikts, in: Internationale Politik (Bonn). 50 (Juli 1995) 7, S. 51ff.
[254] vgl. Schiffler, (Anm. 73), S. 614

Jordanbeckens zu klein oder zu arm, um hier größere Fortschritte erzielen zu können[255].

b.   Human Ressources

Haddadin macht darauf aufmerksam, dass für die Bedienung, Wartung und für den Bau entsprechend großer Meerwasserentsalzungsanlagen Fachkräfte höchster Qualifikation erforderlich sind, über die zumindest einiger der betreffenden Länder im Jordanbecken vermutlich nicht oder nur eingeschränkt verfügen können[256]. Dieses Problem steht in einem engen Zusammenhang mit dem bereits erwähnten Technologieproblem, dass den Entwicklungsstand der Staaten im Jordanbecken zu einem Hemmnis bei dem Einsatz entsprechender Hochtechnologie werden lässt.

c.   Energie

Neben Wasser ist auch Energie eine nicht übermäßig verfügbare Ressource im Jordanbecken, doch diese ist einer der Hauptkostenfaktoren im Entsalzungsprozess und wird als der eigentlich limitierende Faktor beschrieben[257].

Der hydraulische Imperativ und Meerwasserentsalzung
Wenn man davon ausgeht, dass eine funktionierende Meerwasserentsalzung in Israel, Jordanien und den Palästinensergebieten zu einer nachhaltigen Lösung des Wasserkonfliktes durch Wegfall der Streitursache –Knappheit des Wassers- führen kann, dann muss die Konsequenz daraus heißen, dass alles getan werden sollte, um einen Einsatz dieser Technologie zu ermöglichen. Um zu dem Vergleich mit der Atomenergie vom Beginn dieses Kapitels zurückzukehren kommt man nicht umhin

---

[255] vgl. Dabbagh, Taysir u.a., (Anm. 254), S. 204
[256] vgl. Haddadin, Munther: water Management. A jordanien viewpoint, in: Allan (Anm. 27), S. 62
[257] vgl. ebenda

die Kooperation zwischen den betroffenen Staaten als mögliche Lösung zu nennen. Auch z.B. in der EU überstieg der friedliche Einsatz der Atomenergie die ökonomische Tragfähigkeit der Einzelstaaten, was unter anderem auch zu der Gründung einer gemeinsamen Atompolitik mit entsprechenden, zum Teil supranationalen Behörden führte[258]. Angewandt auf die Problematik der Meerwasserentsalzung lässt sich auch hier schnell zeigen, dass Kooperation den Einsatz dieser Technologie sicherlich vereinfachen, verbilligen und somit lohnend machen würde. Sowohl auf dem Feld der Forschung als auch in der Ausbildung würde ein gemeinsames Vorgehen Israels, der Palästinenser und Jordaniens zu Synergieeffekten und Fortschritten führen, zu denen die Staaten alleine vermutlich nicht in der Lage wären. Dazu kommt, dass nach dem gegenwärtigen Stand der Dinge eine gemeinsame Anstrengung zur Lösung des Wassermangels den Geldzufluss internationaler Organisationen wie der Weltbank, der Europäischen Union oder aber auch Einzelzahlern, wie den USA, erleichtern würde[259]. Die angesprochenen Probleme, die einer großangelegten Meerwasserentsalzung im Moment noch entgegen stehen sind ja nicht grundsätzlicher Natur, sondern lassen sich prinzipiell durch den Einsatz monetärer Mittel überwinden. Da die betroffenen Staaten das selbe Ziel der Überwindung des Wassermangels verfolgen müssen, ist eine Kooperation unter dem Aspekt des modifizierten hydraulischen Imperativs angezeigt. Hinzu kommt, dass Meerwasserentsalzung im Gegensatz zu anderen noch zu besprechenden Großprojekten auch dezentralisiert vorgenommen werden könnte, was die Sicherheitsbedenken vor allem Israels mit Sicherheit mindern kann, da die Abhängigkeit von nur einem Standort nicht gegeben ist[260].

---

[258] vgl. Thiel, Elke: Die Europäische Union, (Opladen), Leske+Budrich, 1998, S. 19ff.

[259] Diese Annahme sind nicht belegte Spekulationen des Autors, gestützt auf verschiedene Ereignisse in der Welt, bei der kooperatives Vorgehen mittlerweile durch finanzielle Mittel belohnt wurde (Afghanistan, Jugoslawien)

[260] vgl. Schiffler, (Anm. 72), S. 613f

Für die Deckung des enormen Energiebedarfs sind ebenfalls bereits Pläne entstanden, die auch eine Kooperation zwischen den Staaten notwendig machen; hierzu das nächste Kapitel.

"MED-RED-DEAD" – Kanalpläne und die Erschließung weiterer Wasserressourcen

Bereits in den vierziger Jahren des letzten Jahrhunderts wurde die Idee diskutiert, die außergewöhnliche geographische Situation des Jordanbeckens besser auszunutzen. Das Tote Meer markiert mit seiner Lage von 400m unter dem Meeresspiegel den tiefsten Punkt der Erde[261]. Gleichzeitig ist es hier so warm und trocken, dass große Mengen des Wassers im Toten Meer verdunsten. Diese natürliche Gegebenheit sollte durch den Bau eines Kanals vom Mittelmeer zum Toten Meer effektiv ausgenutzt werden. Der Schwerkraft folgend, sollte das Wasser aus dem Mittelmeer über den Kanal schließlich bis zum Toten Meer gelangen. Durch den großen Höhenunterschied wäre es dabei möglich, enorme Mengen elektrischer Energie zu gewinnen, Schätzungen belaufen sich auf etwa 800 MW[262]. Die so gewonnene Energie könnte eingesetzt werden, um das schwierige Energieproblem bei der Entsalzung von Meerwasser zu lösen. Auf diese Weise könnten enorme Mengen trinkbaren Wassers gewonnen werden, und mit einer Verteilung des Wassers in der Region wäre der Wassermangel aufgehoben. Neben dem Gewinn von Energie und Trinkwasser hätte ein solches Großprojekt zahlreiche weitere Vorteile. Die Wasserab- und umleitungen, die seit den sechziger Jahren von Israel und Jordanien am oberen Jordan vorgenommen werden, haben dazu geführt, dass der Pegel des Toten Meeres in den letzten Jahrzehnten stark gefallen ist. Die enorme Verdunstung und der nur noch geringe Zufluss aus dem Jordan lassen diesen Prozess unaufhörlich voranschreiten. Anders als zum Beispiel am Aralsee führt das Absenken des Meeresspiegels hier

---

[261] Wenn man natürlich von Tiefen absieht, die von den Ozeanen bedeckt sind
[262] vgl. Lonergan / Brooks (Anm. 43), S. 57ff

nicht zu Problemen für Fauna und Flora, da das Tote Meer seinen Namen durchaus zu Recht trägt, der hohe Salzgehalt lässt Leben hier nahezu unmöglich werden. Trotzdem dient das Tote Meer als Einnahmequelle: Die therapeutische Wirkung[263] hat rund um das Tote Meer zahlreiche Einrichtungen, Hotels und Herbergen entsehen lassen, die auch von ausländischen Touristen frequentiert werden. Mit der Zuleitung von Meerwasser könnte der Pegel des Toten Meeres stabilisiert und sogar angehoben werden, so dass dieses einzigartige Naturphänomen weiter erhalten bliebe. Man vermutet, dass ein Seewasserkanal ca. zwanzig Jahre benötigen würde um den ursprünglichen Zustand des Toten Meeres wieder herzustellen, danach kann oder müsste der Zufluss leicht gedrosselt werden[264]. Zusätzlich entsteht die Möglichkeit das hergeleitete Wasser auch zur Anlage weiterer künstlicher Seen zu verwenden und somit einer Entwicklung des Tourismus wirksam Vorschub zu leisten.

Allerdings ist ein solches Projekt damals wie heute kaum alleine zu verwirklich. Die notwendigen finanziellen Mittel dürften leicht 5 Milliarden US-$ überschreiten, und mit dem entstehen palästinensischer Autonomiegebiete ist auch eine unilaterale Abwicklung eines solchen Projektes durch Israel prinzipiell unmöglich geworden. Nach heutiger Planung existieren zwei Ansätze zur Verwirklichung eines Seewasserkanals. Einmal das ursprüngliche Projekt des Mittelmeer-Totes Meer Kanal (häufig kurz Med-Dead-Kanal genannt) und die neuere Idee eines Kanals vom Roten Meer zum Toten Meer (entsprechend: Red-Dead-Kanal). Je nach Plan sind hierbei unterschiedliche Kooperationen notwendig. Während der Med-Dead-Kanal mit seiner günstigen Entnahme-Stelle und seinem Verlauf an der Grenze zu Ägypten sowohl israelisches, palästinensisches und auch ägyptisches Gebiet tangiert, würde der Red-Dead-Kanal jordanisches, israelisches und palästinensisches Territorium in Anspruch nehmen. Eine gemeinsame

---

[263] der Autor dieser Arbeit hat darauf verzichtet der Frage nachzugehen, ob das Tote Meer tatsächlich eine heilende Wirkung auf rheumatisch erkrankte Menschen haben kann – ausschlaggebend ist, dass dies offenbar von zahlreichen Reisenden geglaubt wird
[264] vgl. Rouyer, (Anm. 55), S. 275ff.

94

Entwicklung eines solchen Projektes würde die territorialen Fragen vereinfachen, die Bereitstellung finanzieller Mittel erleichtern[265], und letztlich für alle beteiligten Staaten eine Sicherheit dafür darstellen, dass ein solches mit Sicherheit relativ leicht anzugreifendes Bauwerk nicht zum militärischen Ziel eines der Kooperationspartner wird. Dies ist ein Vorteil, den andere Wasserzuleitungspläne, die später noch darzustellen sind, nicht mit sich bringen. Ein solcher Meerwasserkanal könnte in Verbindung mit der Gewinnung von Elektrizität und Meerwasserentsalzung also tatsächlich die Lösung schlechthin für die vom Wassermangel betroffenen Länder im Jordanbecken darstellen. Tatsächlich spricht zur Zeit nicht viel dafür, dass ein solches Projekt in der Zukunft zur Realität werden kann, auch wenn der israelisch-jordanische Friedensvertrag die Gewinnung zusätzlichen Wassers bereits deutlich anspricht[266]. Die lange Bauzeit und die hohen finanziellen Einmalinvestitionen können als einzige Argumente herangezogen werden, auf den Start eines solchen Kooperationsprojektes zu verzichten. Auch kann vermutet werden, dass vor Beginn etwaiger Bauarbeiten ein endgültiges Friedensabkommen zwischen Israel und den Palästinensern nötig ist. Wenn ein hydraulischer Imperativ tatsächlich die israelische Politik und die seiner Nachbarn leitet, müssen diese Staaten[267] ihre übrigen Bedenken ausräumen und den Weg für ein solches Mammutprojekt internationaler Kooperation freimachen. Vielleicht kann die vermutlich bis zu zwanzigjährige Bauzeit eines solchen Kanals erklären, warum diese Option offensichtlich bisher nicht ernsthaft verfolgt wird, es scheint, dass die politischen Akteure eine langfristige Lösung des Wasserproblems nicht so sehr im Auge haben, wie kurzfristig orientierte andere Interessen, anders ist nicht zu erklären, warum dieses natürliche Perpetuum Mobile[268] der Wasserversorgung

---

[265] vgl. Dombrowsky, (Anm. 41), S. 156

[266] vgl. Artikel V des Appendix II im jordanisch-israelischen Friedensvertrag, (Anm. 181), S. 266f.

[267] die palästinensischen Autonomiegebiete werden hier unter diesen Begriff gefasst, auch wenn dies nicht vollständig korrekt ist.

[268] Natürlich ist auch in solcher Kanal kein Perpetuum Mobile, die Verdunstung des Wassers am Toten Meer wird ja durch Sonnenenergie ermöglicht, andernfalls würde der Meeresspiegel in ferner Zukunft so weit ansteigen, dass der Pegel zwischen diesem und dem Mittelmeer oder dem Roten Meer ausgeglichen wäre.

noch nicht in Angriff genommen wurde. Offensichtlich muss die Erklärungskraft des hydraulischen Imperativs daher zumindest in Bezug auf Handlungen, die nur langfristig Erfolg in der Gewinnung von Wasserressourcen versprechen, stark eingeschränkt werden.

Süßwasserimporte als Form der Beseitigung des Wassermangels

Neben den bisher aufgezeigten Möglichkeiten, die eine Kooperation mit sich bringen würde, wurde und werden weiterhin auch Pläne diskutiert, Süßwasser direkt in das Jordanbecken zu importieren. Dies kann auf verschiedene Weise geschehen, hier werden drei verschiedene Möglichkeiten aufgezeigt.

Fernwasserleitungen

Der interessanteste Vorschlag zu einer Fernwasserleitung stammt aus der Türkei. Diese hat vorgeschlagen eine Pipeline aus dem syrisch-türkischen Grenzgebiet bis nach Saudi-Arabien zu bauen[269], die auf ihrem Streckenverlauf alle vom Wassermangel bedrohten Staaten der Region versorgen könnte. Diese sogenannte Peace-Pipeline hat ihren Namen nicht völlig ohne Grund: Die Umsetzung eines solchen Projektes ist sicherlich nur möglich, wenn vorher ein Frieden zwischen allen beteiligten Staaten, einschließlich Israels hergestellt werden kann. Ähnlich wie bei den vorangehenden Projekten sind auch hier die immensen Investitionskosten ein Hemmfaktor, der sicherlich nur mit gemeinsamer Anstrengung überwunden werden kann. Viel entscheidender ist aber die potentielle Gefährdung einer solchen Anlage bei militärisch ausgetragenen Konflikten. Zur Zerstörung einer solchen Pipeline dürfte es nicht viel mehr bedürfen als einer Reihe gut platzierter Bomben, Raketen oder ähnlichem. Über diese entsprechenden Mittel verfügt im Nahen Osten nicht nur jeder Staat, sondern daneben vermutlich

---

[269] Vgl. Dombrowsky, (Anm. 41), S. 151f.

96

auch einige der Terrororganisationen. Folglich kann ein solches Projekt nur Bestand haben, wenn zwischen den Staaten im Jordanbecken ein hohes Maß an Vertauen bereits hergestellt worden ist. Dann allerdings kann eine solche Peace-Pipeline ein für alle Beteiligten gewinnbringendes Projekt sein: Die Kosten pro Kubikmeter Wasser liegen deutlich unter dem Preis von 1 US-$, damit ist die Peace-Water-Pipeline grundsätzlich preiswerter als die Seewasserentsalzung[270]. Realistisch betrachtet ist der Bau einer solchen Pipeline zum jetzigen Zeitpunkt und auch in den nächsten Jahren oder gar Jahrzehnten sehr unwahrscheinlich. An einem derartigen Projekt müssten zu viele Staaten beteiligt werden, die letztendlich auch noch von einem außerhalb des Beckens liegenden Staat, der Türkei, abhängig sind. Im Gegensatz zu dem voran diskutierten Seewasserkanal sitzen hier also nicht alle Parteien in einem Boot, zudem ist die militärische Anfälligkeit einer Pipeline um ein vielfaches höher. Trotzdem muss klar gesehen werden, dass ein friedvoller Umgang der Staaten miteinander hier wiederum eine Lösung des Wasserproblems stark vereinfachen würde. Die Technologie zum Bau einer solchen Pipeline ist durch die Nutzung selbiger bei dem Transport von Rohöl bereits sehr weit entwickelt, die Technologie also leicht und relativ preiswert verfügbar. Trotzdem wird im Bereich des Wasserimports eher der Einsatz von Tankern oder sogenannten Medusabags als wahrscheinlich angesehen[271].

Medusabags und Wassertanker

Medusabags sind wohl kaum bekannt und daher besonders erklärungsbedürftig. Die hier benutzte Technologie ist kanadischen Ursprungs, bei der ungewöhnlich große wasserdichte Hüllen verwendet werden, um bis zu 1,5 Millionen Kubikmeter Süßwasser auf dem Seeweg mit Hilfe riesiger Schlepper zu transportieren[272]. Auch

---

[270] vgl. Akmandor, Neset: The physical dimensions of the water problems in the Middle East. With a summary written by Defne Kahramankaptan, in: Zeitschrift für Türkeistudien (Opladen). 8 (1995) 2, S. 245
[271] vgl. Shuval (Anm. 74), 56
[272] vgl. Lonergan / Brooks (Anm. 43), S. 181f.

der Transport von Süßwasser mit dem Tanker wird erwähnt[273], die zu benutzende Technik entspricht in etwa der, die auch bei dem Transport von Rohöl eingesetzt wird. Ähnlich wie bei der Peace-Pipeline kommt auch hier die Türkei als möglicher Wasserlieferant in Frage. Die bisher durchgeführten Verhandlungen gestalten sich offensichtlich als schwierig, Verhandlungen zwischen Israel und der Türkei über eine mögliche Nutzung von Medusabags wurden sogar abgebrochen, nachdem die Pläne an die Öffentlichkeit gelangt sind[274]. Der Import von Wasser auf dem Seeweg ist deshalb so brisant, da zu aller erst nur Israel davon profitieren könnte, Jordanien z.B. hat zwar auch einen Zugang zum Meer, allerdings ist am Roten Meer kein Lieferant von Süßwasser in Sicht, der Suezkanal scheint bei der Verwendung von Riesentankern keine Option zu sein. Eine mögliche Lösung kann auch hier nur in der Kooperation liegen. Nicht nur, dass sich auch bei dem Import von Wasser zur See die Frage nach der militärischen Sicherheit stellt, der mögliche Lieferant Türkei ist offensichtlich auch darauf bedacht nicht zu einseitig Israel einen Vorteil verschaffen zu wollen[275]. Somit müssen auch die anderen Staaten des Jordanbeckens von einer solchen Lösung profitieren können, eine Weiterverteilung des Wassers ist dabei der eine, die Verringerung israelischer Ableitungen aus dem Jordan sicherlich der einfachere Weg.

Kooperation und der hydraulische Imperativ

Bei der Analyse der sogenannten Wasser-Megaprojekte ist deutlich geworden, dass eine kooperative Haltung und Vorgehensweise der Staaten im Jordanbecken unumgänglich ist. Anders lassen sich in allen Fällen weder die militärische Sicherheit garantieren, noch die immensen Anfangsinvestitionen vieler Projekte stemmen. Gleichzeitig konnte gezeigt werden, dass Wasser-Megaprojekte den Wassermangel der Region mit Sicherheit lindern, vielleicht sogar aufheben

---

[273] vgl. Barandat (Anm. 15), S. 91
[274] vgl. Lonergan / Brooks, (Anm. 43), S. 182
[275] vgl. ebenda

können, die technischen Voraussetzungen sind in der Regel gegeben oder können leicht erreicht werden.

All diese Pläne sind zudem nicht besonders neu, wie beschrieben sind sie zum Teil über sechzig Jahre alt. Wenn der Wassermangel also in der Vergangenheit zu einem großen Teil zu der Konfliktlage im Jordanbecken beigetragen hat, muss gleichzeitig festgestellt werden, dass der Druck, entsprechende Wasserressourcen zu erschließen bisher nicht ausgereicht hat um die Chancen eines kooperativen Vorgehens nutzbar zu machen. Wenn in der Untersuchung der einzelnen Konflikt-Fallstudien häufig eine Ausrichtung der Handlungen an Wasserinteressen nachgewiesen werden konnte, so verwundert es um so mehr, dass diese Wasserinteressen bisher nicht auf das Feld der Kooperation fortwirken konnten. Letztlich kann somit nicht schlüssig nachgewiesen werden, dass ein hydraulischer Imperativ auch kooperative Ansätze heranreifen lässt oder sogar fördert. Dies wird in der Abschlussbewertung der Gültigkeit eines hydraulischen Imperativs mit zu berücksichtigen sein.

7. Ein theoretisches Ergebnis hinsichtlich des hydraulischen Imperativs

Der absolute hydraulische Imperativ

Wie eingangs bereits angekündigt, ist die Widerlegung des absoluten hydraulischen Imperativs recht einfach durchführbar. Ohne die Herleitung noch einmal zu wiederholen, sei hier kurz daran erinnert, dass der absolute hydraulische Imperativ die Wahrnehmung wasserpolitischer Interessen zur Maxime, zur Sache der höchsten Priorität für politische Entscheidungen erklärt.

Sowohl die Untersuchung der einzelnen Konfliktfälle, als auch die Analyse der Kooperationsmöglichkeiten zeigen deutlich auf, dass eine solche These keinen Bestand haben kann. Tatsächlich konnten Fälle dargestellt werden, in denen die Wahrnehmung wasserpolitischer Interessen zur Verschärfung von Konflikten führte oder gar zum Anlass genommen wurde, militärische Macht direkt auszuüben. Dem entgegen stehen aber eben zahlreiche Beispiele, in denen für die unterschiedlichen Parteien andere Ziele und Absichten die wasserpolitischen Interessen deutlich überwogen. Dies wird sowohl bei der Verhandlungsführung Israels mit Jordanien oder den Palästinensern deutlich, wo wasserpolitische Interessen hinter die friedenspolitischen Absichten zurückgestellt wurden. Der absolute hydraulische Imperativ, der eine beständige Höherbewertung wasserpolitischer Interessen der Staaten im Jordanbecken gegenüber anderen Themen fordert, muss daher mit Sicherheit zurückgewiesen werden. Ein absoluter hydraulischer Imperativ eignet sich nicht, das Verhalten der Staaten im Jordanbecken zu erklären oder gar zu prognostizieren.

Der modifizierte hydraulische Imperativ

Über die Erklärungskraft des vom Autor dieser Arbeit modifizierten hydraulischen Imperativs zu entscheiden, scheint viel schwieriger als die Bewertung des ursprünglichen, absoluten hydraulischen Imperativs. Dies liegt natürlich zu aller erst an der relativ weichen Konstruktion des modifizierten hydraulischen Imperativs. Die Aussage, dass Wasserpolitik auf einer Ebene mit anderen sicherheitspolitischen Interessen und Themen rangiert, also zu den „High Politics" gehört, ist nicht an Hand eines einzigen Kriteriums operationalisierbar. Trotzdem konnte mit der Analyse der in den Fallstudien vorgestellten Beziehungen zwischen, Israel, Syrien, Jordanien und den Palästinensern festgestellt werden, dass Wasserpolitik sowohl in der weiter zurückliegenden Vergangenheit, als auch im letzten Jahrzehnt regelmäßig eine Rolle spielte, welche sicherheitspolitische Entscheidungen beeinflusst hat und auch zu militärischen Aktionen führte. Gleichzeitig konnte in der Analyse der Konflikte nicht festgestellt werden, dass wasserpolitische Interessen bei den jeweiligen politischen Entscheidungen überhaupt keine Rolle gespielt haben. In allen dargestellten Sachzusammenhängen fanden sich Indizien dafür, dass die Entscheidungen der Politik jeweils auch im Lichte der wasserstrategischen Lage eines Landes getroffen wurden. Die

100

wasserstrategische Situation hatte also fortwährend das Potential, die Entscheidungen der Konfliktgegner zu beeinflussen. Das dabei manchmal andere Interessen die wasserstrategischen überwogen, widerspricht der These des modifizierten hydraulischen Imperativs nicht[276], ein Absinken wasserpolitischer Interessen in die Bedeutungslosigkeit konnte nicht beobachtet werden. An Hand der Untersuchung der Konfliktfälle kann also nicht auf eine Ungültigkeit des modifizierten hydraulischen Imperativs geschlossen werden.

Hier kann die Bewertung der Kooperationsmöglichkeiten, -bedingungen und -projekte weiterhelfen. Wie gezeigt ist bisher keine der durchaus gegebenen Möglichkeiten zur Bewältigung der Wasserkrise und Knappheit im Jordanbecken verwirklicht worden. Alle vorgestellten Projekte sind dabei nur in Kooperation der Staaten[277] im Jordanbecken durchführbar. Obwohl die wasserstrategischen und wasserpolitischen Interessen aller hier Beteiligten auf eine Erschließung neuer Wasserressourcen deuten, sind diese Interessen offensichtlich in der Abwägung der politisch Handelnden anderen Interessen weit unterlegen. Wasserpolitische Interessen rangieren also hinsichtlich der Kooperationsmöglichkeiten offensichtlich nicht auf einer Ebene mit anderen sicherheitspolitischen Interessen, gehören auf der Agenda also nicht zu den „High Politics".

Offensichtlich ergibt sich hier ein Missverhältnis zwischen den Ergebnissen der Arbeit im Bereich der Konfliktanalyse und im Bereich möglicher Kooperationsansätze. Für eine Theorie des hydraulischen Imperativs, welche die Politik der Staaten im Jordanbecken erklärt und prognostiziert, müssen daher weitere Einschränkungen getroffen werden. Tatsächlich müsste die gesamte These des modifizierten hydraulischen Imperativs zurückgewiesen werden, es ist offensichtlich, dass sie nicht auf alle Felder der Politik erweiterbar und verallgemeinerbar ist. Trotzdem kann festgehalten werden, dass der modifizierte hydraulische Imperativ sehr wohl als Erklärungsmodell für das Verhalten der von

---

[276] In Abgrenzung zum absoluten hydraulischen Imperativ
[277] und Palästinensergebieten

Wassermangel betroffenen Staaten im Jordanbecken im Konfliktfall dienen kann. Besonders die Reaktion auf die Handlungen und Entscheidungen anderer Staaten wird offensichtlich regelmäßig im Licht der wasserstrategischen und wasserpolitischen Lage gefällt. Für den Bereich aktiver Politik außerhalb eigentlicher Konfliktsituationen hingegen kann auch dem modifizierten hydraulischen Imperativ keine bedeutende Erklärungskraft zugesprochen werden.

Dieses Ergebnis der Untersuchung einer Theorie des hydraulischen Imperativs kann nicht den Schlusspunkt der vorliegenden Arbeit bilden. Ziel der Arbeit war es nicht nur, die unter dem Namen „hydraulischer Imperativ" kursierenden Hypothesen über das Verhalten der von Wassermangel bedrohten oder erfassten Staaten und Gebiete im Jordanbecken zu bewerten, sondern auch mögliche Prognosen über die weitere Entwicklung der komplexen Problematik zu diskutieren. Dabei kann das vorliegende Ergebnis der Untersuchung des hydraulischen Imperativs helfen, die zahlreichen bereits in der Literatur vorhandenen Lösungsansätze zu bewerten, um schließlich einen möglichen Weg aufzuzeigen, der den Ergebnissen der theoretischen Überlegungen dieser Arbeit Rechnung trägt.

8. Die in der Literatur diskutierten Lösungsansätze im Licht des theoretischen Ergebnisses der Arbeit

„There can be no sustainable peace [...] without an agreement on sharing the region's water resources"[278]. Dieser Forderung nach einer Lösung der Wasserfrage durch Teilung schließt sich der überwiegende Teil der sich mit der Thematik beschäftigenden Literatur an, und präsentiert daher neben einer Analyse-Vorschläge, wie die Wasserproblematik im Nahen Osten durch eine gerechte Wasserverteilung gelöst werden kann. Die Frage „Dividing or Sharing?"[279] wird

---

[278] Rouyer, (Anm. 55), S. 251
[279] So der Titel eines Aufsatzes von Ulrich Küffner: Contested Waters: Dividing or Sharing, in: Scheumann / Schiffler (Anm. 77), S. 71-90

regelmäßig mit Sharing! beantwortet und auch in dieser Arbeit konnte gezeigt werden, dass konfliktverschärfende „Lösungen", wie Ableitung oder Besetzung, sicher nicht dauerhaft seien können. Daher ist es nur logisch und verständlich, wenn sich die verschiedenen Autoren auf die Erarbeitung einer Lösung konzentrieren, welche die Wasserressourcen des Jordanbeckens für alle akzeptabel und gerecht verteilt. Je nach Ansatz differieren diese Vorschläge in ihrer Ausrichtung zum Teil sehr stark. Die größte Zahl der Lösungsvorschläge sind dabei ausschließlich an Fragen der Verteilungsgerechtigkeit orientiert. Da nahezu jeder Aufsatz, jedes Buch eine eigene Lösung der Wasserverteilungsfrage präsentiert, kann hier nur eine Auswahl diskutiert werden, dabei wurden die Vorschläge aufgenommen, die häufig genannt sind und anderen Autoren ganz offensichtlich immer wieder als Basis eigener Überlegungen gedient haben[280]. Exemplarisch ausgewählt wurden also die Vorschläge von Shuval, Zarour und Isaac sowie von Moore. Die Analyse wird sich darauf beschränken, die Grundprinzipien dieser Vorschläge zu erläutern, um im Anschluss daran feststellen zu können, wie hilfreich solche Vorschläge wirklich sind, und ob „Sharing" tatsächlich die Lösung des Problems ist, die im Sinne Alwyn Rouyers[281] Grundlage für einen dauerhaften Frieden darstellt.

__Gerechte Zuteilung der Wasserressourcen durch die Verwendung „objektiver"__
__Verteilungsschlüssel__

Der Vorschlag von Zarour und Isaac

Zarour und Isaac[282] haben bereits 1992 versucht eine Formel zu errechnen, die es ermöglichen soll, den „objektiv" gerechten Anteil eines Staates an den

---

[280] So basiert zum Beispiel auch der junge Vorschlag von Ines Dombrowski, Buch, s. auf dem wesentlich älteren Vorschlag von Shuval, Hillel, (Anm. 74)

[281] vgl. Anmerkung 281

[282] vgl. Zarour, H. / Isaac J.: Natures Apportionment and the Open Market: A Promising Solution to the Arab-Israeli Water Conflict, in: Water International (ohne Ort). 18 (1993) 1, S. 40-54; die Formeln

Wasserressourcen des Jordanbeckens zu errechnen, wobei alle Wasserressourcen, also unter- wie überirdische in diese Kalkulation einbezogen wurden. Ein Blick auf die Formel zeigt, dass hier sozioökonomische Daten keinerlei Rolle spielen, lediglich die natürlichen Gegebenheiten des Wassersystems dienen als Grundlage der Berechnung:

$$S(i) = 50 * [B(i) / B(T) + (I(i) - L(i))/I(T) - L(T)]$$

S(i)   bezeichnet den dem Staat I zustehenden Anteil Wasser

B(i)   bezeichnet die Fläche bzw. das Reservoirvolumen des Jordanbeckens im Staat i

B(T)   bezeichnet die Gesamtfläche bzw. das gesamte Wasserreservoir-Volumen im Jordanbecken (T)

I(i)   bezeichnet den natürlichen Wasserzufluss zu dem Jordanbecken, der im Staat i entsteht

I(T)   bezeichnet den Gesamtzufluss zum Jordanbecken

L(i)   bezeichnet den natürlichen Wasserverlust aus dem Jordanbecken innerhalb des Staates i

L(T)   bezeichnet den gesamten natürlichen Wasserverlust im Jordanbecken

Damit schaffen es die Autoren natürlich, eine Formel zu präsentieren, die vordergründig tatsächlich zu einer Gleichbehandlung der Staaten und Gebiete im Jordanbecken führt, eine Zuteilung der Wasserressourcen an Hand einer solchen Formel erfolgt vollständig ohne offene Berücksichtigung politischer Strukturen und könnte somit tatsächlich als „natürlich" bezeichnet werden. Das Etikett der Objektivität dieser Zuteilungsformel wird also auf dem Weg der alleinigen

---

wurden von dort übernommen, die Beschreibung übersetzt, eine Übersetzung und Analyse findet sich auch bei Dombrowsky, (Anm. 4), S. 124ff.

Verwendung naturwissenschaftlicher Daten gewonnen. Ein kurzer Blick auf den Vorschlag von Moore soll zeigen, wie es um eine solche Objektivität bestellt ist.

Der Vorschlag von Moore

Auch Moore[283] hatte es sich zum Ziel gesetzt, eine Formel zu erstellen, welche die optimale Wasserzuteilung für die verschiedenen Staaten errechnen kann. Dabei verwendet er die Variablen Bevölkerung, momentane Wassernutzung, natürlicher Wasserfluss und Ort der Wasserquelle als Indikatoren einer gerechten Wassernutzung. Auf einer Linie, deren Endpunkte jeweils 100% Zuteilung an Israel bzw. 100% Zuteilung an die Palästinenser darstellen, trägt Moore dann die jeweilige Verteilungsquote an Hand der einzelnen Indikatoren ein und errechnet mathematisch dann einen Gesamtwert, der die geringste Abweichung von allen Punkten erzielt. Dieser Gesamtwert stellt nach Moore die optimale Zuteilungsquote dar. Dieses System baut Moore aus und will somit die Zuteilungsquoten für alle Anrainer des Jordanbeckens errechnen.

Die zweifelhafte Objektivität formelhafter Zuteilung

Damit können hier zwei unterschiedliche Formen zur Zuteilung der Wasserressourcen des Jordanbeckens präsentiert werden, die beide den Anspruch der Objektivität haben und zudem mathematisch nachprüfbar sind. Lonergan und Brooks stellen völlig zurecht fest, dass bei all diesen formelhaften Zuteilungsquoten „objectivity may be in the eye of the modeler"[284], denn tatsächlich kann die Auswahl der Indikatoren oder Zuteilungsgrundlagen gewaltigen Einfluss auf das Ergebnis der Wasserzuteilung haben, die anschließende mathematische, objektivierbare Kalkulation kann nicht über diesen

---

[283] vgl. Moore, James W.: Parting the waters. Calculating Israeli and Palestinian entitlements to the West Bank aquifers and the Jordan River basin, in: Middle East Policy (Washington/D.C.). 3 (1994) 2, S. 91 108
[284] vgl. Lonergan / Brooks (Anm. 55), S., 173

Punkt hinwegtäuschen. Das Verpacken von bereits ausgewählten Indikatoren und Grundlagen in eine mathematische Gleichung allein kann nicht als Lösung gesehen werden, die Auswahl der Entscheidungsgrundlagen muss ein entscheidender Punkt jeder Verhandlung sein, und sollte deshalb offen diskutiert werden, unter Angabe von Argumenten, die für diese oder jene Wahl sprechen. Die Zuteilung nach mathematischer Formel allein leistet dies nicht.

Vorschlag nach Hillel Shuval

Hillel Shuval nennt seinen Vorschlag selbst „A Proposal for an Equitable Resoultion to the conflict...“[285]. Es muss festgehalten werden, dass Shuvals Vorschlag sich konkret nur auf den israelisch-palästinensischen Konflikt bezieht, die von ihm vorgeschlagenen Lösungsprinzipien aber durchaus als übertragbar gedacht sind[286]. Grundlage von Shuvals Überlegungen ist das internationale Wasserrecht, dem er eine tragende Rolle einräumt, auch ohne dass es völkerrechtlich bindend ist[287]. Er stellt dabei insbesondere auf die sogenannten Helsinki-Rules und das damit verbundene Prinzip der eingeschränkten nationalen Souveränität und der gerechten Aufteilung ab, der Inhalt dieser Regeln wurde ja bereits in Kapitel XY dargestellt. Diesen Prinzipien stellt er die Festlegung der „Minimum Water Requirements“[288] zur Seite, die er mit 125 Kubikmeter Frischwasser pro Person und Jahr angibt. Shuval erläutert, dass diese Wassermenge ausreicht, um die hygienischen, industriellen und touristischen Bedürfnisse in der Gegend des Jordanbeckens ausreichend zu befriedigen, hierfür sollen sowohl von Israelis als auch von Palästinensern in erster Linie die Ressourcen genutzt werden, die auf dem eigenen Territorium liegen. Die über diese Minimal-Bedürfnisse hinausgehenden Wasserressourcen will Shuval zum Gegenstand von

---

[285] So der Beginn seines Aufsatzes, vgl. Shuval, (Anm. 74)

[286] So wird dieser Vorschlag in dem Buch von Allan, (Anm. 27) S. 137 auch mit "Towards resolving conflicts over water between Israel and ist neighbours" überschrieben, was darauf schließen lässt, dass die angewandten Prinzipien auch auf die Konflikte mit Syrien und Jordanien anwendbar seien können.

[287] vgl. Shuval, (Anm. 74), S. 46

Verhandlungen machen, die auf der bisherigen Nutzung basieren sollen. Gewaltsame „Lösungen" oder gar Aneignung von Wasserressourcen schließt er aus.

Shuvals Vorschlag kann gegenüber dem Vorschlag von Moore bzw. Zarour und Isaac durch seine klare Hervorhebung grundlegender Prinzipien überzeugen, die auf eine formelhafte Darstellung der Ergebnisse verzichten kann. Damit ist Shuvals Vorschlag für Verhandlungssituationen sicher viel besser geeignet, da an den absoluten Zahlen noch Veränderungen vorgenommen werden, ohne gleichzeitig eine Prinzipienlosigkeit und Willkür zu offenbaren. Auch der Ansatz, beiden Völkern die gleiche Menge Wasser pro Einwohner zuzuordnen scheint sinnvoll, Ines Dombrowsky stellt zutreffend fest:

„Es gibt keine überzeugende Begründung dafür, nicht allen Individuen einer Region die gleiche Basis für eine soziale und ökonomische Entwicklungsfähigkeit zuzusprechen..."[289]

Auch wenn die sozioökonomische Struktur Israels und Palästinas sich deutlich unterscheiden, und die industrialisierte israelische Gesellschaft zum jetzigen Zeitpunkt einen höheren Bedarf an Wasser für die Aufrechterhaltung ihrer Aktivitäten im Haushalts-, Industrie- und Tourismusbereich haben mag, hätte eine Reduzierung der „Minimum Water Requirements" für Palästina zur Folge, dass dieser Zustand auch festgeschrieben würde. Gleichzeitig schafft Shuval mit der Anerkennung der bisherigen Nutzung als Wegweiser für die zukünftige gewissermaßen den Brückenschlag zur Realität, in der einmal gewonnene Ressourcen nur äußerst ungern wieder abgegeben werden. Somit scheint sein Vorschlag, der mittlerweile viel diskutiert und im Kern unverändert auch von anderen Autoren aufgegriffen wurde[290], als ausgesprochen ausgewogen zwischen

---

[288] vgl. Shuval, (Anm. 74), S. 46
[289] Dombrowsky, (Anm. 41), S. 130
[290] vgl. Anmerkung 281

den Ansprüchen an Verteilungsgerechtigkeit einerseits und der Anpassung an politische Realitäten andererseits.

Die Bewertung der vorgestellten Lösungsvorschläge im Lichte der theoretischen Ergebnisse

Bei der Fülle der vorhandenen Vorschläge für eine Verteilung der vorhandenen Wasserressourcen und ob der offensichtlichen Qualität einiger dieser Vorschläge, fällt es schwer, diese beiseite zu wischen und festzustellen, dass diese detaillierten Vorschläge bisher keinen Beitrag zu „sustainable peace"[291] leisten konnten. Aber eben dies und auch eine Prognose soll hier gewagt werden: Die Vorschläge werden in absehbarer Zeit keinen Beitrag leisten können, unabhängig davon wie gerecht oder annehmbar sie für die Konfliktparteien in ihrem Inhalt grundsätzlich auch sind. Unabhängig von ihren individuellen Schwächen, verbindet die verschiedenen Vorschläge ein gemeinsames Handicap: Ihre Umsetzung bedarf eines Mindestmaßes an Kooperation zwischen den einzelnen Parteien. Die Einigung auf eine Zuteilungsformel oder Zuteilungsprinzipien bedarf –vermutlich komplizierter- Verhandlungen, die ein Mindestmaß an Vertrauen voraussetzen. Denn auf dieses gegenseitige Vertrauen wären die Anrainer des Jordanbeckens zwingend angewiesen, da ein Abkommen alleine nur geringe Sicherheit darüber bietet, ob sich alle Vertragspartner an die Absprachen über die Wasseraufteilung halten würden. Insofern fallen die diskutierten Lösungsvorschläge, die in der Literatur gemeinhin als echte Chance für den Frieden gesehen werden, in ihrer Sicherheit für die Staaten des Jordanbeckens sogar noch hinter die „echten" Kooperationspläne[292] zurück. Davon auszugehen, dass man sich nur auf Wasserquoten einigen müsste, um die Problematik um den Wassermangel der Region zu beseitigen, widerspricht den Erkenntnissen dieser Arbeit in allen Teilen. Es bleibt unverständlich, wieso derartige Vorschläge als aktive Friedensbringer gewertet werden können. Sie sind,

---

[291] vgl. Rouyer, (Anm. 55), S. 251
[292] dargestellt im entsprechenden Kapitel dieser Arbeit

genau wie die Kooperationspläne, keineswegs unnütz, aber ihr Nutzen hängt von den Rahmenbedingungen ab, unter denen sie durchgeführt werden können.

Exkurs: ähnliche Probleme anderer Regionen

Ägypten, Sudan und der Nil

Sowohl für Ägypten, als auch den Sudan ist das Wasser des Nils die zentrale Lebensader beider Staaten. Während sich diese großen, trockenen Staaten in der ersten Hälfte des 19. Jahrhunderts sowohl über die Wasseraufteilung zerstritten, als auch außerhalb der Wasserpolitik auf Konfrontationskurs gingen, konnte bereits 1959 ein Abkommen über die Nutzung des Nilwassers zwischen Ägypten und dem Sudan geschlossen werden, dass bis heute Bestand hat und als vorbildlich gilt[293]. Dem Abkommen voraus ging 1956 die Unabhängigkeit des Sudans und eine damit verbundene, schnelle Verbesserung des ägyptisch-sudanesischen Verhältnis, so dass das notwendige Maß an Vertrauen zum Abschluss eines solchen bindenden Wasseraufteilungsabkommens erreicht wurde. Auch die Kooperation war nach dieser Verbesserung des Verhältnisses möglich geworden, der Assuan-Staudamm konnte schließlich, trotz seiner enormen Auswirkungen auch auf den Sudan, einvernehmlich gebaut werden. Umgekehrt lässt sich feststellen, dass die sudanesische Unterstützung für die islamistische Opposition in Ägypten zu Verstimmungen zwischen beiden Staaten geführt haben, die schnell zu einem Vertrauensverlust führen können, schon drohte der Sudan mit einem Rücktritt von dem 1959er Vertrag und erklärte der ägyptische Außenminister 1995: „in playing with water Sudan is playing with fire"[294], dies alles, obwohl in Fragen der Wassernutzung Einigkeit besteht.

---

[293] vgl. Schiffler, Manuel: Conflicts over the Nile or Conflicts on the Nil?, in: Scheumann / Schiffler, (Anm. 77), S. 140
[294] vgl. ebenda, S.136

9. Ein Fazit und eine Prognose

Als Fazit der Arbeit lässt sich feststellen, dass Lösungsvorschläge, die alleine die Wasserressourcen des Jordanbeckens fokussieren, weder den herrschenden Wassermangel beheben, noch den Frieden bringen können. Dies gilt sowohl für umfangreiche Kooperationspläne, als auch für „gerechte" Wasserquotierungsverfahren. Die Tatsache, dass die größten Konflikte um Wasserressourcen zwischen den beteiligten Staaten und Parteien des Jordanbeckens ausgetragen werden, die auch darüber hinaus ideologische oder territoriale Differenzen haben, belegt zusätzlich, dass andere Faktoren als die rein wasserpolitischen eine Einigung und somit Verbesserung der Lage verhindern. Der kurze, exkurshafte Blick auf ähnliche Situationen anderer Regionen zeigt ebenfalls deutlich, worauf auch alle anderen in dieser Arbeit vorgestellten Ergebnisse hinweisen: Ohne Rahmenbedingungen, die von einem Mindestmaß an gegenseitigem Vertrauen und Sicherheit gekennzeichnet sind, wird der Wassermangel im Jordanbecken nicht zur Zufriedenheit aller aufgehoben werden

---

[295] vgl. Durth, Rainer: Transboundary Externalities and Regional Integration, in: Schiffler / Scheumann, (Anm. 77), S. 64ff

110

können. Das Ergebnis ist also die Umkehr der These Rouyers, nicht aber die vollständige Abkehr:

Ohne ein Mindestmaß an Frieden und Vertrauen wird es keine Lösung der Wasserproblematik im Nahen Osten geben.

Dass dieser Frieden nur von Dauer seien kann, wenn auch die Wasserfragen der Region soweit gelöst sind, dass alle Anrainer des Jordanbeckens eine Chance auf Entwicklung haben, bleibt Rouyer unbenommen. Es sind die wechselseitigen Abhängigkeiten, die berücksichtigt werden müssen, Lösungsansätze, die nur die Wasserproblematik im Auge haben, werden zu nichts führen. Es ist aber auch nicht ein „Teufelskreis" der hier am Ende beschrieben wird, dies wäre ein Missverständnis. Der Anfangspunkt, an dem eine Lösung und damit Verhandlungen zwischen allen Beteiligten ansetzen müssen ist klar gezeigt, nur eine Basis des Vertrauens kann die Grundlage für die Umsetzung weitergehender Kooperationen und gerechter Wasserverteilung bilden. Sollten diese Pläne einmal verwirklicht werden, fiele damit eine bedeutende Ursache für die anhaltenden Konflikte im Jordanbecken fort.

10. Nachtrag

Der Welt-Gipfel von Johannesburg ende August 2002 brachte neue Bewegung in den Wasserkonflikt im Jordanbecken. Eines der bereits im Buch vorgestellten Kooperationsprojekte scheint nun doch stärker be- und überdacht zu werden, als dies bisher geschehen ist. Israel und Jordanien kündigten in Johannesburg an, das Tote Meer retten zu wollen. Mit Hilfe einer Pipeline vom Roten Meer zum Toten Meer soll der Wasserstand des Toten Meeres stabilisiert werden. Im Rahmen des mit Themen der Nachhaltigkeit befassten Gipfels von Johannesburg tritt das Ziel, das Naturwunder des Toten Meeres zu retten natürlich in den Vordergrund. Dahinter stehen die in diesem Buch hinreichend geklärten Interessen Israels und Jordaniens an einer Energiequelle, die auch Meerwasserentsalzung ermöglichen kann. Diese Neuigkeit passt ins Bild es wurden alle Thesen bestätigt, die in diesem Buch vertreten werden: In Erwägung gezogen wird eine Pipeline, die nur Israel und Jordanien tangiert, jene zwei Länder im Jordanbecken, die einen Friedensvertrag geschlossen haben. Somit sind die Palästinenser und -damit die Westbank und Gaza- außen vor. Es bleibt abzuwarten, ob ein derart langfristig zu realisierendes Projekt die schnell wechselnde Politik im Nahen Osten übersteht.

Bibliographie

Abu Sitta, Salman u.a.
The Golan frontier - revisited.
in: Middle East Insight (Washington/D.C.). 15 (Januar-Februar 2000) 1, S. 18-32

Akmandor, Neset
The physical dimensions of the water problems in the Middle East. With a
summary written by Defne Kahramankaptan.
in: Zeitschrift für Türkeistudien (Opladen). 8 (1995) 2, S. 231-246

Ali Ihsan Bagis (Hrsg):
Water as an element of cooperation and development in the Middle East (Ankara),
Ayna Publications, 1994.

Allan, J. A. / Massoud Karshenas
Managing environmental capital. The case of water in Israel, Jordan, the West
Bank and Gaza, 1947 to 1995.
aus: J.A. Allan (Hrsg.) Water, peace and the Middle East. (London), Tauris, 1996.

Allan, J.A. (Hrsg):
Water, peace and the Middle East. Negotiating resources in the Jordan Basin,
(London), Tauris , 1996

Alster, Jitzchak P.
Water in the peace process.
in: Justice (Tel Aviv). (Juni 1996) 9, S. 11-16

Amery, Hussein A. / Wolf, Aaron T. (Hrsg.):
Water in the Middle East: a Geography of Peace, (Austin), The University of
Texas Press, 2000

Amery, Hussein A.
The Litani River of Lebanon.
in: The Geographical Review (New York/N.Y.). 83 (Juli 1993) 3, S. 229-237

Anderson, Ewan W.
Ein Konglomerat von Komplikationen. Wasserprobleme im Jordanbecken.
in: Palästina (Bonn). 4 (Oktober 1991) 4, S. 12-16

Anderson, Ewan W.
Water conflict in the Middle East. A new initiative.
in: Jane's Intelligence Review (Coulsdon). 4 (Mai 1992) 5, S. 227-230

Anderson, Ewan W.
Water: the next strategic resource.
aus: Starr, Joyce R. (Hrsg.): The politics of scarcity. (Boulder/Colorado),
Westview Press, 1988, S. 1-21

Assaf, Karen & Team (?):
A proposal for the development of a regional water master plan, (Jerusalem),
Israel/Palestine Center for Research and Information, 1993

Bahgat, Gawdat G.
"High policy" and "low policy". Fresh water resources in the Middle East.
in: Journal of South Asian and Middle Eastern Studies (Villanova). 22 (Frühjahr
1999) 3, S. 16-29

Bangert, Yvonne
"Laßt uns wie Menschen leben". Felicia Langer fordert Gerechtigkeit für das
palästinensische Volk.
in: Pogrom (Göttingen). 27 (Dezember 1997-Februar 1998) 198, S. 16-17

Barandat, Jörg (Hrsg.):
Wasser - Konfrontation oder Kooperation. Ökologische Aspekte von Sicherheit am
Beispiel eines weltweit begehrten Rohstoffs. / Baden-Baden : Nomos
Verlagsgesellschaft, 1997. - 438 S.

Barandat, Jörg u.a.
Jordan, Euphrat, Nil. Konflikt oder Kooperation?
aus: Friedensgutachten 2001. / Institut für Friedensforschung und
Sicherheitspolitik an der Universität Hamburg - Münster , S. 84-95

Baratta, Mario von (Hrsg.):
Fischer Weltalmanach, (Frankfurt am Main), 2000

Baskin, Gershon (Hrsg.):
Water: conflict or cooperation. Israel/Palestine Center for Research and
Information., (Jerusalem), 1993

Baskin, Gershon
The West Bank and Israel's water crisis.

aus: Baskin, Gershon (Hrsg.): Water: conflict or cooperation. Israel/Palestine
Center for Research and Information. (Jerusalem), 1993

Baz, Ismail al / Mattes, Norbert
Ressourcen im Fruchtbaren Halbmond. Ein Überblick.
in: INAMO-Beiträge (Erlangen). 2 (Frühjahr-Sommer 1996) 5-6, S. 15-17

Bellisari, Anna
Wenn Trinken krank macht: Wasser in den besetzten Gebieten
in: INAMO-Beiträge (Erlangen). 2 (Frühjahr-Sommer 1996) 5-6, S. 18-21

Biger, Gideon
Geographical and other Arguments in Delimitation in the Boundaries of British
Palestine, in: Grundy-Warr, Carl (Hrsg.): International Boundaries and Boundary
Conflict Resolution, (Durham), 1989

Biliouri, Daphne
Water shortages add to regional tensions.
in: Jane's Intelligence Review (Couldson). 13 (Juli 2001) 7, S. 36-39

Braverman, Avishay
Wasser: Element des Friedens und des Konflikts.
in: Internationale Politik (Bonn). 50 (Juli 1995) 7, S. 51-54

Bulloch, John, Darwish, Adel
Water wars. Coming conflicts in the Middle East. (London), Gollancz, 1993

Caelleigh, Addeane S.
Middle East water. Vital resource, conflict, and cooperation.
aus:Starr, Joyce R. / Caelleigh, Addeane S. (Hrsg.): A shared destiny : Near East
regional development cooperation, (New York), Praeger, 1983, S. 121-135

Cohn Sherbok, Dan
Judentum, Verlag Herder, Freiburg im Breisgau 2000

Czempiel, Ernst-Otto
Weltpolitik im Umbruch (München), Verlag C.H. Beck, 1993

Dabbagh, Taysir u.a.
Desalination, an Emergent Option.
aus: Rogers, Peter (Hrsg.): Water in the Arab world. (Cambridge/Mass), Harvard
Univ. Press, 1994, S. 203-242

De Villiers, Marq
Water Wars, London 1999

Diercke Weltatlas
(Braunschweig), Westermann Schulbuchverlag, 1988

Dolatyar, Mostafa
Water diplomacy in the Middle East.
in: The Iranian Journal of International Affairs (Tehran). 7 (Herbst 1995) 3,
S. 599-615

Dombrowsky, Ines u.a.
Recht auf Wasser? Verteilungskonflikte im Jordanbecken.
in: Prokla (Münster). 26 (März 1996) 1 S. 63-84

Dombrowsky, Ines
Wasserprobleme im Jordanbecken. Perspektiven einer gerechten und nachhaltigen
Nutzung internationaler Ressourcen (Frankfurt/Main), Lang, 1995

Drezon-Tepler, Marcia
Contested water and the prospects for Arab-Israeli peace.
in: Middle Eastern Studies (London). 30 (April 1994) 2, S. 281-303

Edig, Annette van
Kriegsgrund Wasser. Verteilungskonflikte im Nahen Osten.
in: Blätter für deutsche und internationale Politik (Bonn). 43 (August 1998) 8,
S. 995-1003

Edig, Annette van
Rechtliche Schwierigkeiten und Möglichkeiten eines multilateralen
Wassermanagements im Nahen Osten.
in: Verfassung und Recht in Übersee (Baden-Baden). 31 (3. Quartal 1998) 3,

Edig, Annette van
Syrien, Libanon, Israel und die Jordanquellen.
in: INAMO-Beiträge (Erlangen). 2 (Frühjahr-Sommer 1996) 5-6, S. 32-33

Elias, Adel S.
Dieser Frieden heißt Krieg. Israel und Palästina - die feindlichen Brüder.
München : Droemer Knaur, 1997. - 384 S.

Elmusa, Sharif S.
The Jordan-Israel water agreement. A model or an exception?
in: Journal of Palestine Studies (Berkeley/Cal.). 24 (Frühjahr 1995) 3/95, S. 63-73

Elmusa, Sharif S.
The land-water nexus in the Israeli-Palestinian conflict.
in: Journal of Palestine Studies (Berkeley/Calif.). 25 (Spring 1996) 3/99, S. 69-78

Eshel, David
A Palestinian state and Israeli security.
in: Jane's Intelligence Review (Coulsdon). 12 (April 2000) 4, S. 17-19

Eshel, David
Der Staat Palästina und die Sicherheit Israels.
in: Europäische Sicherheit (Hamburg). 49 (Januar 2000) 1, S. 39-41

Eshel, David
Israel und die Golanhöhen.
in: Europäische Sicherheit (Herford). 43 (Oktober 1994) 10, S. 521-522

Frey, Frederick W.; Naff, Thomas
Water. An emerging issue in the Middle East?
in: The Annals of the American Academy of Political and Social Science
(Philadelphia/Pa.). (November 1985) 482, S. 65-84

Gärber, Andrä
Jordan's water resources and their future potential. Proceedings of the symposium
27th and 28th October 1991. Organized by Friedrich Ebert Stiftung (Amman) Al
Kutba, 1992.

Green, Elizabeth Anne
Hydropolitics in the Middle East.
in: Strategic Review (Washington/D.C.). 21 (Frühjahr 1993) 2, S. 72-76

Gresh, Alain
Israel und Syrien. Hoffnung im Nahen Osten.
in: Le Monde diplomatique (Dt. Ausg.) (Berlin). (Januar 2000), S. 1,9

Hatib, Nadir al-
Palestinian water rights. / Nader al-Khatib.
aus: Baskin, Gershon (Hrsg.): Water: conflict or cooperation. Israel/Palestine
Center for Research and Information. (Jerusalem), 1993, S. 13-22

Hillel, Daniel
Rivers of Eden. The struggle for water and the quest for peace in the Middle East
(New York), Oxford Univ. Press, 1994

Hinz-Karadeniz, Heidemarie (Hrsg.)
Die Wasserfalle, (Gießen), Focus, 1993

Hof, Frederic C.
The line of June 4, 1967. Analysis.
in: Middle East Insight (Washington/D.C.). 14 (September-Oktober 1999) 5,
S. 17-23

Hof, Frederic C.
The water dimension of Golan Heights negotiations.
in: Middle East Policy (Washington/D.C.). 5 (Mai 1997) 2, S. 129-141

Hof, Frederic C.
The Yarmouk and Jordan Rivers in the Israel-Jordan Peace Treaty.
in: Middle East Policy (Washington/D.C.). 3 (1995) 4, S. 47-56

Hoffmann, Berthold
Hydro paranoia and its myths. The issue of water in the Middle East.
in: Orient (Opladen). 39 (Juni 1998) 2, S. 251-269

Juniedi, Faten al-
Water and irrigation management in the Palestinian West Bank.
in: Entwicklung und ländlicher Raum (Frankfurt/Main). 33 (1999) 6, S. 24-26

Kliot, Nurit
Water resources and conflict in the Middle East. (London), Routledge, 1994

Kloub, Bashar al-
Application of multi-criteria decision aid to rank the Jordan-Yarmouk basin co-
riparians according to the Helsinki and ILC rules.
aus: J.A. Allan (Hrsg.) Water, peace and the Middle East. (London), Tauris, 1996.

Küffner, Ulrich
Contested Waters: Dividing or Sharing, in: Scheumann, Waltina / Schiffler,
Manuel (Hrsg.)
Water in the Middle East. Potential for conflicts and prospects for cooperation.
(Berlin u.a.), Springer Verlag, 1998 S. 71-90

Lein, Yehezkel
Thirsty for a solution. The water crisis in the occupied territories and its resolution
in the final-status agreement. (Jerusalem u. B'Tselem), 2000

Lemarchand, Philippe
Israel und Palästina morgen. Ein geopolitischer Atlas.
Braunschweig : Westermann, 1997. - 144 S.

Libiszewski, Stephan (Hrsg):
Wasserkonflikte und Wassermanagement im Jordanbecken.
Water conflicts and water management in the Jordan Basin. Beiträge eines
Colloquium in Berlin, 16.-17. Juni 1995, (Berlin), Deutsches Institut für
Entwicklungspolitik, 1996

Libiszewski, Stephan
Das Israelisch-Jordanische Wasserregime - ein Modell zur Lösung anderer
Wasserverteilungskonflikte im Jordanbecken?
aus: Libiszewski, Stephan: Wasserkonflikte und Wassermanagement im
Jordanbecken. (Berlin), Deutsches Institut für Entwicklungspolitik, 1996, S. 73-88

Libiszewski, Stephan
Das Wasser im Nahostfriedensprozeß. Konfliktstrukturen und bisherige
Vertragswerke unter wasserpolitischer Perspektive.
in: Orient (Opladen). 36 (Dezember 1995) 4, S. 625-648

Libiszewski, Stephan
Die Streitfrage der Wasserverteilung im Arabisch-Israelischen Konflikt.
in: INAMO-Beiträge (Erlangen). 2 (Frühjahr-Sommer 1996) 5-6, S. 27-31

Libiszewski, Stephan
Water disputes in the Jordan Basin region and their role in the resolution of the
Arab-Israeli conflict., (Zürich), Forschungsstelle für Sicherheitspolitik und
Konfliktanalyse, 1995

Lonergan, Stephen C., Brooks, David B.
Watershed. The role of fresh water in the Israeli-Palestinian conflict. (Ottawa),
International Development Research Centre, 1994

Lowi, Miriam R.
Bridging the divide. Transboundary resource disputes and the case of West Bank
water.
in: International Security (Cambridge/Mass.). 18 (Sommer 1993) 1, S. 113-138

Lowi, Miriam R.
Rivers of conflict, rivers of peace.
in: Journal of International Affairs (New York). 49 (Sommer 1995) 1, S. 123-144

Lowi, Miriam R.
The politics of water. The Jordan river and the riparian states. (Montreal), McGill
Univ., Centre for Developing-Area Studies, 1984.

Lowi, Miriam R.
Water and power. The politics of a scarce resource in the Jordan River basin.
(Cambridge), Cambridge Univ. Press, 1995

Lowi, Miriam R.
Water and power. The politics of a scarce resource in the Jordan River basin.,
(Cambridge), 1993

Lynn-Jones, Sean M. (Hrsg.)
Global dangers (Cambridge/Mass), MIT Press, 1995

Matson, Ruth C. / Naff, Thomas
Water in the Middle east. Conflict or Cooperation? (Boulder), Westview Press,
1984
i

Moore, James W.
Parting the waters. Calculating Israeli and Palestinian entitlements to the West
Bank aquifers and the Jordan River basin.
in: Middle East Policy (Washington/D.C.). 3 (1994) 2, S. 91-108

Morr, Awad el-
Water resources in the Middle East. Some guiding principles.
aus: Allan, J.A. (Hrsg.): Water in the Middle East. (London), Tauris Publishers,
1995, S. 293-300

Morris, Mary E.
Water scarcity and security concerns in the Middle East. - Abu Dhabi : The
Emirates Center for Strategic Studies and Research, 1998. - 57 S.

Naff, Thomas
Conflict and water use in the Middle East.
aus: Rogers, Peter (Hrsg.): Water in the Arab world. (Cambridge/Mass), Harvard
Univ. Press, 1994, S. 253-284

Naff, Thomas
Water scarcity, resource management, and conflict.
aus: Gärber, Andrä (Hrsg.): Jordan's water resources and their future potential.
Proceedings of the Symposium 27th and 28th October 1991. / Organized by
Friedrich Ebert Stiftung (Amman), Al Kutba, 1992, S. 107-112

Nasser, Yousef
Palestinian management options and challenges within an environment of scarcity
and power imbalance.
aus: Allan, J.A. (Hrsg.): Water, peace and the Middle East. (London), Tauris, 1996.

Neff, Donald
Israel-Syria: conflict at the Jordan river, 1949-1967
in: Journal of Palestine Studies (Berkeley/Cal.). 23 (Sommer 1994) 4/92, S. 26-40

Ohne Autor
Legal status of West Bank groundwater resources. Case document submitted to:
International Water Tribunal II, Amsterdam, Netherlands. / Palestinian Hydrology
Group, Land and Water Establishment for Legal Services. (Jerusalem), 1991. - 55
S.

Ohne Autor
Wasserkonflikte im Jordanbecken
in: WZB-Mitteilungen (Berlin). (Juni 1995) 68, S. 24-26

Ratsch, Ulrich
Wasserprobleme im Jordanbecken.
in: S und F: Vierteljahresschrift für Sicherheit und Frieden (Baden-Baden). 14
(1996) 2, S. 101-126

Ratsch, Ulrich
Wasserregime im Jordan-Becken.
aus: Margret Johannsen (Hrsg.): Wege aus dem Labyrinth?, Institut für
Friedensforschung und Sicherheitspolitik an der Univ. Hamburg. - Baden-Baden :
Nomos Verlagsgesellschaft, 1997. - (Demokratie, Sicherheit, Frieden ; Bd. 107),
S. 241-255

Reguer, Sara
Controversial waters. Exploitation of the Jordan River, 1950-80.
in: Middle Eastern Studies (London). 29 (Januar 1993) 1, S. 53-90

Renger, Jochen
Das Wasser im israelisch-palästinensischen Konflikt.
in: WeltTrends (Berlin). (Herbst 1997) 16, S. 83-94

Renger, Jochen
Politische Verteilungskonflikte um Wasserressourcen. Wassernutzung und
Wasserverteilung im Jordanbecken. Israel und seine arabischen Nachbarn. / Jochen
Renger und Andreas Thiele.
in: Der Bürger im Staat (Stuttgart). 46 (1996) 1, S. 74-82

Renger, Jochen, Thiele, Andreas
Wasser und Herrschaft. Zur Instrumentalisierung einer Ressource am Beispiel
Israel und Jordanien
in: INAMO-Beiträge (Erlangen). 2 (Frühjahr-Sommer 1996) 5-6, S. 22-26

Rothman, Jay; Lowi, Miriam
Culture, conflict and cooperation: the Jordan River basin. / Jay Rothman and
Miriam Lowi.
aus: Baskin, Gershon (Hrsg.): Water: conflict or cooperation. Israel/Palestine
Center for Research and Information. (Jerusalem), 1993, S. 85-112

Rouyer, Alwyn R.
The water accords of Oslo II: averting a looming disaster.
in: Middle East Policy (Washington/D.C.). 7 (Oktober 1999) 1, S. 113-135

Rouyer, Alwyn R.
Turning water into politics. The water issue in the Palestinian-Israeli conflict.
(ohne Ort) Basingstoke-Macmillan , 2000.

Rowley, Gwyn
The West Bank. Native water-resource systems and competition.
in: Political Geography Quarterly (Guildford). 9 (Januar 1990) 1, S. 39-52

Scheumann, Waltina / Schiffler, Manuel (Hrsg.)
Water in the Middle East. Potential for conflicts and prospects for cooperation.
(Berlin u.a.), Springer Verlag, 1998

Schiffler, Manuel
Das Wasser im Nahostfriedensprozeß. Ansätze zu einer gerechten Aufteilung und
Möglichkeiten zur Entschärfung der Wasserknappheit.
in: Orient (Opladen). 36 (Dezember 1995) 4, S. 603-624

Schiffler, Manuel
Konflikte um Wasser - ein Fallstrick für den Friedensprozeß im Nahen Osten?
in: Aus Politik und Zeitgeschichte (Bonn). (10. März 1995) B11, S. 13-21

Shaheen, Murad
Questioning the water-war phenomenon in the Jordan basin.
in: Middle East Policy (Washington/D.C.). 7 (Juni 2000) 3, S. 137-150

Shapland, Greg
Policy options for downstream states in the Middle East.
aus Allan, J.A. (Hrsg.): Water in the Middle East. (London), Tauris Publishers,
1995, S. 301-323

Shuval, Hillel I.
A proposal for an equitable resolution to the conflicts between the Israelis and the
Palestinians over the shared water resources of the mountain aquifer.
in: Arab Studies Quarterly (Belmont/Mass.). 22 (Frühling 2000) 2, S. 33-62

Shuval, Hillel I.
Approches to finding an equitable solution to the water resources problems shared
by Israelis und the Palestinians in the use of the mountain aquifer. (Revised
January 10, 1993).
aus: Baskin, Gershon (Hrsg.): Water: conflict or cooperation. Israel/Palestine
Center for Research and Information. (Jerusalem), 1993 S. 37-84

Shuval, Hillel I.
Towards resolving conflicts over water between Israel and its neighbours. The
Israeli-Palestinian shared use of the Mountain Aquifer as a case study.
aus: Allan, J.A. (Hrsg.) Water, peace and the Middle East., (London), Tauris, 1996,
S. 137-168

Shuval, Hillel I.
Water and security in the Middle East. The Israeli-Syrian water confrontations as a
case study.
aus: New frontiers in Middle East security. (Hrsg. von Lenore G. Martin),
(Houndmills), Macmillan Press, 1998, S. 183-213

Spillmann, Kurt R.
Eine andere Konfliktdimension im Nahen und Mittleren Osten: Wasser.
aus: Spillmann, Kurt R. (Hrsg.): Zeitgeschichtliche Hintergründe aktueller
Konflikte III. (Zürich), 1994, S. 153-173

Starr, Joyce R.; Stoll, Daniel C.
Water for the year 2000.
aus: Starr, Joyce R. (Hrsg.): The politics of scarcity. (Boulder/Colorado),
Westview Press, 1988, S. 143-163

Taubenblatt, Selig A.
Jordan River basin water. A challenge in the 1990s.
aus: Starr, Joyce R. (Hrsg.): The politics of scarcity. (Boulder/Colorado),
Westview Press, 1988, S. 41-52

Tell, Tareq, Dodge, Toby
Peace and the politics of water in Jordan.
aus: Allan, J.A. (Hrsg.) Water, peace and the Middle East., (London), Tauris, 1996,
S. 169-184

Thiel, Elke
Die Europäische Union, (Opladen), Leske+Budrich, 1998

Toussaint, Benedikt
Wasser als Konfliktstoff am Beispiel Jordan-Becken.
in: Europäische Sicherheit (Hamburg). 50 (Mai 2001) 5, S. 7-13

Trottier, Julie
Hydropolitics in the West Bank and Gaza Strip. (Jerusalem) : PASSIA
Publications, 1999

Tuchmann, Barbara
Bible and Sword, (New York), Ballantine, 1956

Vallianatos-Grapengeter, Ina M.
Der Nahostkonflikt im Prisma der Wasserproblematik. Wasserpolitik im Jordantal
1882-1967.(Hamburg) LIT, 1996

Vallianatos-Grapengeter, Ina M.
Die wasserstrategischen Aspekte im Sechs-Tage-Krieg und ihre Relevanz für die
israelisch-arabischen Friedensgespräche.
aus: Libiszewski, Stephan (Hrsg): Wasserkonflikte und Wassermanagement im
Jordanbecken, (Berlin), Deutsches Institut für Entwicklungspolitik, 1996,
S. 99-115

Venter, Al J.
The oldest threat. Water in the Middle East.
in: Middle East Policy (Washington/D.C.). 6 (Juni 1998) 1, S. 126-136

Warner, Jeroen
Kicking the water habit. Israel, Palestine and the new water order.
Amsterdam : Research Center for International Political Economy and Foreign
Policy Analysis, 1996. - 23 S

Warner, Jeroen
Tightropes across the river. Managing conflict in Middle East river basins.
(Amsterdam), MERA, 1993

Water conflict.
in: Studies in Conflict and Terrorism (Washington/D.C.)
The Middle East. - 20 (1997) 1, Sonderausgabe S. 1-135,

Waterbury, John
Transboundary water and the challenge of international cooperation in the Middle
East.
aus: Rogers, Peter (Hrsg.): Water in the Arab world. (Cambridge/Mass), Harvard
Univ. Press, 1994, S. 39-64

Wishart, David Merkle
An economic approach to understanding Jordan Valley water disputes.
in: Middle East Review (New York). 21 (Sommer 1989) 4, S. 45-53

Wishart, David Merkle
The breakdown of the Johnston negotiations over the Jordan waters.
in: Middle Eastern Studies (London). 26 (Oktober 1990) 4, S. 536-546

Wishart, David Merkle
The political economy of conflict over water rights in the Jordan Valley from 1890
to present. (Urbana-Champaign), 1985

Wolf, Aaron T.
"Hydrostrategic" territory in the Jordan Basin. Water, war, and Arab-Israeli peace
negotiations. Paper presented at a conference: Water: A Trigger for Conflict/A
Reason for Cooperation, Bloomington, Indiana, March 7-10, 1996,
(Washington/D.C), Center for Environmental Security, 1996

Wolf, Aaron T.
Hydropolitics along the Jordan river. Scarce water and its impact on the Arab-
Israeli conflict. (Tokyo), United Nations Univ. Press, 1995

Wolffsohn, Michael
Wasser für den Frieden.
in: Die politische Meinung (Osnabrück). 36 (Juli 1991) 260, S. 61-67

Zarour, H. / Isaac J.

Natures Apportionment and the Open Market: A Promising Solution to the Arab-

Israeli Water Conflict.

in: Water International (ohne Ort). 18 (1993) 1, S. 40-54